營居盛樂

拓跋鲜卑在代北的都邑与军镇

张文平 著

GUANGXI NORMAL UNIVERSITY PRESS
广西师范大学出版社
·桂林·

营居盛乐：拓跋鲜卑在代北的都邑与军镇
YINGJU SHENGLE: TUOBA XIANBEI ZAI DAIBEI DE DUYI YU JUNZHEN

图书在版编目（CIP）数据

营居盛乐：拓跋鲜卑在代北的都邑与军镇 / 张文平著. -- 桂林：广西师范大学出版社，2025. 6. -- ISBN 978-7-5598-7991-2

Ⅰ. K289

中国国家版本馆 CIP 数据核字第 20256Y1N28 号

广西师范大学出版社出版发行
（广西桂林市五里店路 9 号　邮政编码：541004
网址：http://www.bbtpress.com）
出版人：黄轩庄
全国新华书店经销
三河市三佳印刷装订有限公司印刷
（河北省三河市杨庄镇杨庄村　邮政编码：065200）
开本：710 mm × 1 000 mm　1/16
印张：12.5　　字数：150 千
2025 年 6 月第 1 版　　2025 年 6 月第 1 次印刷
定价：118.00 元

序

在中国古代北方民族历史研究的各项专题中，拓跋鲜卑的历史颇受研究者关注，与盛乐地区有关的内容更是研究的热点之一。由于对史料的理解不同以及对考古发现的看法有别，许多问题还存在着争议。张文平新作《营居盛乐：拓跋鲜卑在代北的都邑与军镇》，将文献史料与考古发掘相结合，从历史地理学角度对盛乐时期拓跋鲜卑历史中涉及的一些地理方位甚至具体坐标做了研究。该书根据军镇的发展情况，将一些内容延伸到了北魏时期，着力论证较为完整的北魏王朝北疆防御体系的主体就是军镇防御的看法，在各章中提出了一些值得进一步深思的问题。

著作涉及的主要历史时段为盛乐时期。这个时段，正是拓跋鲜卑从“大泽”迁徙以后走向较快发展的历史时期。为了稳固在盛乐的统治，处理好与活动在盛乐以北地区各族的关系以及西晋的关系是拓跋鲜卑统治者密切关注和着重解决的问题。著作中的“都邑”与拓跋鲜卑社会生产力、生产关系的变革联系紧密；“军镇”与边境政局、社会稳定直接相关。所以，这也是学界在长期的研究中，对盛乐城、云中之盛乐、定襄之盛乐等论证较多的重要原因。然而，以往的研究虽然对军镇这个热点着力颇重，但基本都集中在对北魏六镇的研究方面。这部著作则在军镇的数量和走向这个学界一直关注的问题上提出了自己的看法，认为在魏孝文帝太和十八年（公元 494 年）北巡时，军镇已经由六镇增加至八镇。较之以往的研究，这无疑是一个值得注意的学术看法。

在全书设置的章节中，研究者紧扣盛乐与军镇，对学界关注的一些问题展开讨论，多有值得重视的见解。诸如将“定襄之盛乐”和“云中之盛乐”分别定位在大黑河流域的东部和西部，使史籍中出现的两个“盛乐”的地理方位和管辖范围更加明确。研究者结合史料记载，估测性地提出“盛乐”这个名称“应为鲜卑语、契丹语音译”的看法。类似问题还有，认为“饶乐水”及与饶乐水沿革有关的水名的语源也是鲜卑语等，也跳出了拘泥于一些地理志思考问题的思路；根据对“定襄之盛乐”和“云中之盛乐”的初步定位，对至今学界仍在研判且仍处于模糊状态的“盛乐金陵”的所在地，做出了“位于大黑河沿岸”的估测；结合考古发掘与研究，对小坝子滩金银器群的归属做出了细致的分析，从中可以感受到拓跋鲜卑在当时与西晋交往交流交融之密切，看到了沙漠汗从晋朝归来对拓跋鲜卑社会变革可能产生的影响。对于学界“北魏盛乐时期”（公元258~398年）的定位，这部著作也划分为“拓跋鲜卑盛乐时期”与“北魏开国时期”两个阶段。当然，在划分阶段时，如果从断代史和拓跋鲜卑民族史角度都提出一些想法，对于学术研讨会更为有利。研究者还明确指出，史籍中的“参合陂”是一个“湖泊”，就是今天的黄旗海，并由此展开了对参合陂的语源、参合陂地理界限、参合陂之战的讨论，阐述了参合陂在北疆防御体系中的重要作用，其见解多与以往研究不同。关于《魏书》中记载的“造石亭”，学界已有一些研究，本书作者结合考古资料对文献的记载做了较为细致的讨论，并指出《魏书》中记载的石亭与军事防御有关，比如可能与祭祀、路标、部落界限的功用密切联系。对于这种暂时难以确定而以往研究又存在较多疑问的问题，提出自己的不同看法是有利于拓展研究思路的。此外，围绕云中镇的设置时间、朔州与云中镇同治于一城的详细论证，以及经过对考古和史料的分析确定北魏北疆的防御体系有六个时间段的看法等都有值得肯定的学术意义。书中还有一些亮点，在此不再一一评介。

历史学研究的创新是难度很大的，既要谦虚地、带着疑问去学习和系统地消化前人研究的成果，也要对史料进行更为细致和系统的研判，还要对照考古研究的可靠结论辨析史料的真伪。这部著作在对问题的研究中体现了这样的思路，在一些学术点上提出了与以往学界研究结论不同的令人深思的看法。有的研究结论具有较强的合理性，有的应当会引起学界的争论。实际上，学术研究的成果如果能够引发不同看法的讨论是件好事，有利于推进被研究的问题不断接近真实的面目。能够引起讨论或争论的成果，比起那些自诩为“定论”的成果要有生命力。这部著作涉及的内容，大多是悬而未决或仍存争议较多的，其原因在于史料的缺漏和对史料的解读不同，也有对考古发掘成果的认识不同。研究者勇于在前人研究的基础上再提新意，值得鼓励。当然，在运用某些研究方法方面也应当持慎重态度。比如，用语言学的方法解释历史地名、地理坐标，就必须对古代北方某些民族中的语言存在的具体历史情况做出相应的论证，要对所使用的古代北方某些民族语言音译的汉文史籍中出现的地名、人名之间的关系做出科学的辨析，对使用语言界定历史问题的合理性、科学性做出论证。比如“饶乐水”为鲜卑语这一界定，汉文史籍在记载这个水名时为什么没有指明是鲜卑语？在目前仅知道个别古代汉文史籍中有用汉文音译的鲜卑名称，此外并未发现有系统的鲜卑语言或文字。匈奴语大体也是如此。

本来是在写一篇书序，结果却不由自主地讨论起了问题，这也许是多年从事研究工作的习惯吧！我与张文平交往甚久，在一起聊的最多的也是学术问题。每当遇到考古学方面的一些疑问总要向他请教并相互探讨，每次都获益匪浅。把历史学与考古学密切有机地结合起来研究历史问题在我们之间早有共识。历史学研究者不能仅仅在需要时去引用考古学的研究成果，考古学家也不能仅在需要时再去读相应的史籍，平时的系统学习与积累十分重要。当然，能够将两者有效地、科学地在研究中自如运用更是比较难的。张文平正在这条路上摸索向前，希望能够看到他更多的成功之作。

何天明

2025年3月28日于北京

目 次

绪论

东汉中晚期，匈奴逐步退出历史舞台，东胡系的鲜卑自东向西进入蒙古高原，成为这一片广袤大地的主人。檀石槐、步度根、轲比能，你方唱罢我登场，试图恢复匈奴冒顿单于当年的荣光。

也就在这一时期，游牧于大泽（今内蒙古呼伦贝尔市境内的呼伦湖）周边一带的拓跋部族，沿着大兴安岭西麓一路向南，迁徙至“匈奴之故地”（今燕山山脉以北的以滦河小河套为中心的草原地区）。后来，拓跋鲜卑又短暂驻牧于长川（今内蒙古乌兰察布市兴和县南北向川地），再从长川向西，于曹魏甘露三年（公元 258 年）抵达盛乐（今呼和浩特平原大黑河流域）。自此，拓跋鲜卑长期以盛乐为根据地，不断发展壮大，建立代国。北魏天兴元年（公元 398 年），拓跋鲜卑定都平城（今山西大同市），之后长期以盛乐为圣都，形成“阴山却霜”之俗；太平真君三年（公元 442 年），太武帝拓跋焘在阴山之中修建广德宫（今内蒙古呼和浩特市武川县纳令沟圪塔古城），成为“阴山却霜”期间固定的政治中心。为了有效防御来自漠北的高车、柔然等游牧部族的侵袭，在盛乐至平城以西、以北的贺兰山—阴山—燕山东西一线地区，北魏王朝设立六镇，形成一套较为完善的军镇防御体系。

曹魏甘露三年（公元 258 年），拓跋力微率众迁徙至盛乐。前人多从《元和郡县图志》的记载，将盛乐等同于西汉定襄郡郡治、东汉云中郡属县成乐县，即位于今呼和浩特市和林格尔县的土城子古城。唐代地理志书《元和郡县图志》对北魏地理的记载多有讹误，所言不足为凭。盛乐应为鲜卑语、契丹语音译，为“黄色、黄金”（niolk）之意，指今呼和浩特平原上最大的黄河支流大黑河，盛乐水即黄水、金水。西汉时期，呼和浩特平原上的大黑河流域东部归定襄郡管辖，大黑河流域西部归云中郡管辖，《魏书》将大黑河流域东部记作“定襄之盛乐”，将大黑河流域西部记作“云中之盛乐”。拓跋什翼犍即位之后，在“云中之盛乐”建盛乐宫（今呼和浩特市托克托县古城村古城），在“定襄之盛乐”建盛乐城（今呼和浩特市赛罕区西达赖营古城），形成了盛乐东西一线的双政治中心。

除了盛乐，拓跋鲜卑的主要活动区域还有参合陂、阴山，二者均为夏天的驻牧地。参合陂为今乌兰察布市察右前旗境内的黄旗海，与盛乐分列一东一西。“参合陂北”在《魏书》中也是一个专有地名，指黄旗海所在的黄旗海盆地北侧的集宁小平原，建国三十四年（公元 371 年）七月初七拓跋珪在这里出生。阴山与大黑河相倚相傍，拓跋鲜卑与许多北方游牧民族一样，视阴山为圣山，“定襄之盛乐”的盛乐城向北正对阴山哈拉沁沟通道，“云中之盛乐”的盛乐宫向北正对阴山抢盘河通道。

盛乐—阴山这一独特的地理区域，为拓跋鲜卑的发展壮大提供了非常优越的环境，但拓跋鲜卑的崛起也并非一帆风顺，各种势力间的角逐无时无刻不在对它做出生死存亡的考验。西晋咸宁三年（公元 277 年），力微长子沙漠汗从洛阳归来，随身携带西晋王朝赐予力微及其同盟者乌桓大人王库贤的印信。沙漠汗在即将进入盛乐地界时，惨遭拓跋部反对派杀害。1956 年，从乌兰察布市凉城县小坝子滩出土的一批西晋金银器群，见证了这一场谋杀。西晋王朝分别授予力微、王库贤、沙漠汗以“晋鲜卑归义侯”“晋乌丸归义侯”“晋鲜卑率善中郎将”的封号，携带这些印信的沙漠汗在今天的小坝子滩一带遇害，这些印信从而遗落于此地。

沙漠汗遭杀害，王库贤暗地里投靠西晋，乘机挑拨拓跋鲜卑诸大人与力微间的关系。力微不久于忧患中去世，拓跋鲜卑陷入了权力纷争的部族内乱之中。元康五年（公元 295 年），重新整合后的拓跋鲜卑形成三分之势。此时，沙漠汗的长子猗㐌已成长为拓跋三部中的中部大人，驻牧于参合陂。猗㐌从西晋获得“大单于”封号，较力微的“晋鲜卑归义侯”有明显提高，大单于秩比外诸侯，拓跋鲜卑步入部落大联盟阶段。猗㐌之后，其弟猗卢总领三部，与西晋交好，于永嘉四年（公元 310 年）受封大单于、代公，建兴三年（公元 315 年）自号代王，至此一个地方民族政权已初具规模。到什翼犍在位期间（公元 338~376 年），利用五胡南下中原的机遇，在代北建立起了五胡十六国之外的第十七国——代国。

建国三十九年（公元 376 年），代国亡于前秦。北魏登国元年（公元 386 年），拓跋珪复国，定国号为魏，史称北魏。直至天兴元年（公元 398 年）定都平城，复国后的拓跋珪在这一时期之内游牧于阴山—燕山地区，是一个“行国”，这一段历史可称之为“北魏开国时期”。登国七年（公元 392 年），皇子拓跋嗣出生于云中宫。该行宫的具体位置，在今呼和浩特市土默特左旗大黑河南岸的后朱堡村一带，现存后朱堡烽戍可能即是云中宫旧址的一部分。云中宫是北魏时期的一处重要行宫，定都平城之后，北魏皇帝巡幸盛乐—阴山时，仍会驻跸于此。

北魏开国时期，发生于登国十年（公元 395 年）的参合陂之战，是历史上著名的一次以少胜多的战役。参合陂之战的发生地在黄旗海东、孤山之南的万亩滩，孤山即《魏书》记载的蟠羊山。通过参合陂之战，北魏消灭了后燕的有生力量，打通了从盛乐经参合陂至平城的通道，于天兴元年（公元 398 年）定都平城，实现了拓跋鲜卑长期以来的梦想。正是从这个意义上讲，参合陂之战是北魏王朝进军中原的决定性一战。

平城北邻参合陂，北魏定都平城之后，参合陂成为平城京畿的北界，道武帝拓跋珪、明元帝拓跋嗣多有巡幸。作为历史上农耕民族与游牧民族的重要分界线，中原王朝往往会依托阴山山脉修筑长城等军事防御工程，但在局部地区也会以河流、湖泊等水域作为防御的依托，黄旗海正是这样的一个湖泊。在和平年代，黄旗海又成为农耕民族与游牧民族之间交流的重要孔道，元代集宁路、清代隆盛庄等商贸城邑亦同此理。

参合陂既然为平城京畿北界，位于参合陂之南的今乌兰察布市丰镇市一带，理所当然属于京畿辖区。《魏书》记载的七介山、豺山、代园山均位于今丰镇市境内，今天的山名依次为八棱碑山、薛刚山、双台山。平城时代早期，道武帝拓跋珪在豺山建豺山宫，在代园山建五石亭（由五座石筑烽戍组成），作为守卫京师平城的两道防线。此外，七介山作为平城北边门户，与后来建于山南的明长城得胜口关隘，发挥的作用是相类似的。

平城时代早期的拓跋珪，四处巡幸征伐。据《魏书·太祖纪》记载，道武帝拓跋珪于天赐三年（公元406年）八月“丙辰，西登武要北原，观九十九泉，造石亭，遂之石漠”[①]。依据此条史料，前人或认为拓跋珪在九十九泉巡狩期间建造了一座所谓的“九十九泉御苑”。结合实地调查，“造石亭”应与造访、凭吊环绕九十九泉的汉长城亭燧有关，而非建造御苑。由此进一步明确，道武帝时期北疆的固定军事防御设施止于参合陂，到明元帝时期方才向北扩展至阴山—燕山一线。

据《魏书·太宗纪》记载，泰常八年（公元423年）“二月戊辰，筑长城于长川之南，起自赤城，西至五原，延袤二千余里，备置戍卫”[②]。依据此条史料，有的学者认为，北魏王朝在东起赤城、西至五原的燕山—阴山东西一线修筑了一道长城防线，并命名为“泰常八年长城”。但是，实地调查并未确认“泰常八年长城”的相关遗存。通过对史料的重新辨析，泰常八年（公元423年）于长川之南修筑的长城，并非现代意义上的长城，而是一座名为“长城”的城邑，亦即《水

① ［北齐］魏收：《魏书》卷二《太祖纪》，中华书局，1974年，第43页。
② ［北齐］魏收：《魏书》卷三《太宗纪》，中华书局，1974年，第63页。

经注》记载的长川城（今乌兰察布市兴和县元山子土城子古城）。

作为平城时代的圣都，盛乐拥有金陵、宗庙等祭祀重地，盛乐地区的军事防御力量在太武帝拓跋焘时期得到了强化。公元 5 世纪，与六镇的设立大约同时，拓跋焘在盛乐设置云中镇，治城亦在古城村古城。云中镇的地位要高于六镇。稍晚，于云中镇治所设置朔州，朔州刺史兼领云中镇将。孝文帝太和年间，撤销云中镇，朔州下设盛乐、云中二郡，盛乐郡为朔州州治，云中郡治所在今和林格尔县土城子古城。

北魏王朝北疆军事防御体系的主体是军镇防御。从公元 5 世纪 30 年代开始，北魏王朝于圣都盛乐、首都平城的西边、北边沿着贺兰山—阴山—燕山东西一线布局了六镇防线，形成一道军镇屏障。对于六镇地望，目前学界多认同清代学者沈垚的观点，自西向东依次为沃野、怀朔、武川、抚冥、柔玄、怀荒六镇。沈垚六镇之说，采自《元和郡县图志》相关记载，同样难以凭信。依据《魏书》，结合考古新发现，六镇的得名当源于薄骨律、沃野、黑城、柔玄、怀荒、赤城等最初设置的六个军镇，而后则成为漠南军镇的代称；太和十八年（公元 494 年）孝文帝北巡时，六镇数量已增至八个，自西向东依次为薄骨律、沃野、怀朔（由黑城镇改名）、武川、抚冥、柔玄、怀荒、赤城八镇，到北魏晚期赤城镇又为御夷镇所取代。

太和十八年（公元 494 年），孝文帝召集群臣商议迁都洛阳之事，下诏曰："卿等或以朕无为移徙也。昔平文皇帝弃背率土，昭成营居盛乐；太祖道武皇帝神武应天，迁居平城。朕虽虚寡，幸属胜残之运，故移宅中原，肇成皇宇。卿等当奉先君令德，光迹洪规。"[①] 如

① ［北齐］魏收：《魏书》卷十四《神元平文诸帝子孙》，中华书局，1974年，第360页。

果说迁都洛阳使北魏完成从地域性国家向中原王朝的转变，那么“营居盛乐”的漫长历程则使拓跋鲜卑完成了从游牧部落向地方政权的转变。

定都平城之后，北魏从地方政权转变为地域性国家，仍自称大代，在京师设代郡，京畿以北的盛乐—阴山地区泛称作代北。代北的政治中心是盛乐，而从大的空间范围上来看，代北的地理中心是阴山。孝文帝太和十八年（公元 494 年）阴山祭天，正式宣告将圣山阴山纳入华夏山岳体系，自北魏中晚期直至隋唐时期，拓跋鲜卑及其他曾经活动于这一地区的人群，以祖籍阴山为荣耀，形成“阴山贵种”之说。阐明阴山在中国历史发展进程之中曾经发挥的巨大作用，有助于理解历史上农耕民族与游牧民族之间的交往交流交融，有助于揭示中华文明五千多年绵延不绝的奥秘所在。

本书以“营居盛乐”为名，其空间定位于以盛乐—阴山为中心的代北地区，但其时间范围并不局限于拓跋鲜卑徙居盛乐至定都平城这一时期的历史，而是以历史地理的视角为研究的切入点，包含了从盛乐时期到洛阳时代的历史。北魏平城时代（公元 398~494 年），盛乐依然具有圣都的地位；进入洛阳时代（公元 494~534 年），盛乐的地位下降，六镇也不再受到重视，之后爆发了导致北魏王朝瓦解的六镇起义。盛乐在哪里？六镇到底是哪六镇？综合历史学、考古学、历史地理学的研究，本书提出了一些新的认识。当然，这些认识也有待学界作进一步的讨论，也需要考古学上的不断验证，以期抛砖引玉。

第一章　云中与盛乐

公元前 4 世纪末期，赵国君主赵武灵王北破林胡、楼烦，进入了今天的呼和浩特平原，在大黑河流域东部建原阳骑邑（在今呼和浩特市赛罕区八拜古城），在大黑河流域西部建云中郡（在今呼和浩特市托克托县古城村古城）。自此，作为呼和浩特平原上最主要的黄河支流，大黑河流域东西各形成主要人类活动中心。曹魏甘露三年（公元 258 年），拓跋鲜卑部族在首领力微的带领下进入呼和浩特平原，一度建都立国。此时，呼和浩特平原仍称云中、云中川，但又出现了定襄之盛乐、云中之盛乐等新的地名。对这些地名作充分的探讨辨析，明确其具体指代，对于了解拓跋鲜卑在代北的发展历史是完全有必要的。

一、从小坝子滩金银器群讲起

1956 年，今乌兰察布市凉城县小坝子滩村附近沙虎子沟的一个土坑内发现一组金银器，共有各类器物 13 件。因遗存的其他状况不明，研究者并未给予命名，只是从不同角度进行了探讨和分析，试图解开这组器物的疑团。李逸友从古代官印的角度对这批金银器做了介绍，并针对历史问题，将之与西晋咸宁三年（公元 277 年）“是岁，西北杂虏及鲜卑、匈奴、五溪蛮夷、东夷三国前后十余辈，各帅种人部落内附”[①]之事联系起来，认为“这批印可能即为当时所封发的”，同时也提出了“乌桓与鲜卑部族有别，而居住地也各有不同，为何埋藏在一起”这一值得研究的问题。[②]

此后，张景明针对小坝子滩金银器群的每件器物都做了详细介绍，

① ［唐］房玄龄等：《晋书》卷三《武帝纪》，中华书局，1974年，第68页。

② 李逸友：《内蒙古出土古代官印的新资料》，《文物》1961年第9期。

并将其大体分为金印、银印、饰牌、饰件和戒指等几类。这批器物的基本情况是："晋乌丸归义侯"金印1方，印体扁方形，长2.3厘米，宽2.2厘米，高2.8厘米，卧驼状钮，印面阴刻篆书"晋乌丸归义侯"6字（图1–1）；"晋鲜卑归义侯"金印一方，印体扁方形，边长2.5厘米，高2.6厘米，卧驼状钮，印面阴刻篆书"晋鲜卑归义侯"6字（图1–2）；"晋鲜卑率善中郎将"银印一方，印体扁方形，边长2.2厘米，高2.6厘米，卧驼状钮，印面阴刻篆书"晋鲜卑率善中郎将"8字（图1–3）；四兽形金饰牌1件，采用透雕工艺，为四兽两两相对，上下排列，兽首向外，作张口吞物状，屈身，短尾上卷，饰牌上有多个穿孔，背面刻有"猗㐌金"3字（图1–4）。其他还有虎噬鹿纹金饰牌、四兽形金饰牌、跪兽形金饰牌、跪兽形嵌宝石金饰牌、锥形金饰各1件，兽面形嵌宝石金戒指、管形金饰各2件。张景明基本承袭了李逸友的观点，认为这些印信与晋武帝司马炎咸宁三年（公元277年）对归附部族的加封有关。同时，张景明也进一步分析指出，到公元3世纪末，拓跋鲜卑三分，其中猗㐌率一部居"代郡之参合陂北"①，参合陂位于今凉城县境内，那么这批金银器中的四兽形金饰牌所刻"猗㐌金"3字，正与《魏书·序纪》记载的猗㐌部活动范围相符合；猗㐌助并州刺史司马腾击刘渊有功，晋假以金印；拓跋鲜卑的祖先在南迁过程中，有神

图1–1（a）　"晋乌丸归义侯"驼钮金印

图1–1（b）　"晋乌丸归义侯"金印印文

① ［北齐］魏收：《魏书》卷一《序纪》，中华书局，1974年，第5页。

图 1–2（a）　“晋鲜卑归义侯”驼钮金印

图 1–2（b）　“晋鲜卑归义侯”金印印文

图 1–3（a）　“晋鲜卑率善中郎将”驼钮银印

图 1–3（b）　“晋鲜卑率善中郎将”银印印文

图 1–4（a）　“猗㐌金”四兽形金饰牌

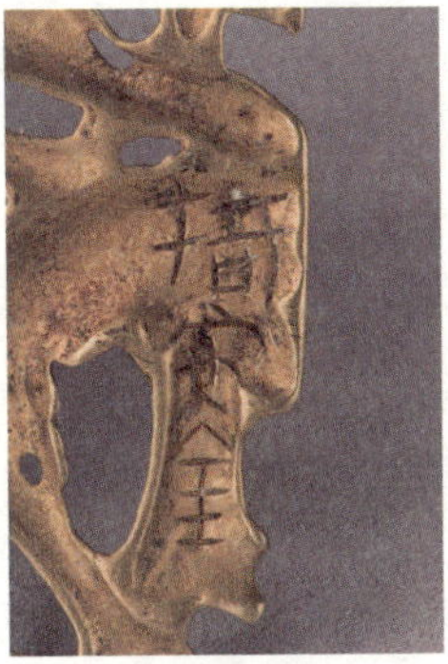

图 1–4（b）　“猗㐌金”三字特写

兽导行的神话，故小坝子滩金器上的兽纹可能与拓跋鲜卑族源与祖源神话有关。[①]陈国灿与张景明观点相同，认为“晋鲜卑归义侯”金印、“晋鲜卑率善中郎将”银印是西晋王朝对拓跋鲜卑首领的敕封，而“晋乌丸归义侯”金印是猗㐌在与乌桓贵族的斗争中得来的战利品。[②]二人的共同点，是均将这批金银器的年代定位于拓跋鲜卑三分之际。

田余庆对于这批金银器的看法颇为深刻，其文重点强调了“晋鲜卑归义侯”与“晋乌丸归义侯”二印同出，“正是代北拓跋与乌桓共生现象的一个重要物证。考虑到乌桓王库贤得居拓跋力微身边之例，乌桓首领与拓跋猗㐌同处一地也属可能。这样说来，分属鲜卑（此指拓跋）和乌桓的印章应当就是此二族随身之物而被不明的原因掩埋一处。顺此剖析，印章也许正是当年卫瓘受朝廷命赂遗之物，本来分属力微、库贤所有，各自传授后人而得同时出土于拓跋中部地境，而这里也是猗㐌居止附近之地”。[③]田余庆关于拓跋与乌桓共生的见解，为研究该金银器群的性质提供了重要思路。

循着田余庆的思路，首先考察一下魏晋时期拓跋鲜卑在代北地区的活动地域，进而可以明确出土金银器的沙虎子沟在这一区域之内的地理意义。

二、拓跋鲜卑在代北的活动地域

曹魏甘露三年（公元258年），拓跋鲜卑在首领力微的带领下，

① 张景明：《内蒙古凉城县小坝子滩金银器窖藏》，《文物》2002年第8期。

② 陈国灿：《魏晋间的乌丸与“护乌丸校尉”》，《魏晋南北朝隋唐史资料》第1期，武汉大学历史系魏晋南北朝隋唐史研究室，1979年。

③ 田余庆：《拓跋史探》（修订本），生活·读书·新知三联书店，2011年，第191页。

从长川（今乌兰察布市兴和县南北向川地）向西迁徙至定襄之盛乐。拓跋力微在此与乌桓王库贤结为联盟，并主动与曹魏、西晋等中原王朝交好。关于定襄之盛乐，学界一直认为其在汉代成乐县。成乐县故城，经多次考古发掘，可确定为今呼和浩特市和林格尔县土城子古城。[①] 土城子古城坐落于呼和浩特平原与南部山地丘陵区的交界地带，西南临黄河支流什拉乌素河支流宝贝河。城址由南城、中城、北城三部分组成，南城平面大致呈方形，南北长约 550 米，东西宽约 520 米，主要包含了汉代、北魏两个时期的文化层；中城位于南城西北部，平面呈长方形，南北长约 730 米，东西宽约 450 米，城内文化层堆积最深处可达 10 余米，包含了汉代、北魏、唐代、辽代、金代、元代等多个历史时期的文化遗存；北城面积较大，平面大体呈四边形，南北长约 1740 米，东西宽约 1450 米，地层堆积较为简单，主要为唐代遗存。

该城址南城修建时代最早，为西汉定襄郡郡治成乐县。汉武帝时期，于云中郡东部、南部新设定襄郡，辖 12 县，将呼和浩特平原东部、南部的山地丘陵区正式纳入西汉王朝的国家行政区划管理之中。东汉时期，定襄郡郡治改治善无（在今山西右玉县右卫镇），成乐县划归云中郡管辖。北魏沿用了汉代的南城，并新建了中城。唐代新建了北城，设单于大都护府。辽金元时期，对中城作了加筑沿用，辽代设丰州振武县，金元时期降为丰州振武镇。一般认为，“盛乐”即“成乐”，于是拓跋鲜卑迁徙所至“定襄之盛乐”，被想当然地认为是土城子古城。这一说法，最早可追溯至唐代的地理志书《元和郡县图志》，“单

① 内蒙古自治区文物工作队：《和林格尔县土城子试掘记要》，《文物》1961年第9期；张郁：《内蒙古和林格尔县土城子古城发掘报告》，《考古学集刊》第6集，中国社会科学出版社，1989年；内蒙古文物考古研究所：《和林格尔县土城子古城考古发掘主要收获》，《内蒙古文物考古》2006年第1期。

于大都护府”条下记曰：“本汉定襄郡之盛乐县也，后魏都盛乐，亦谓此城。”[①]《元和郡县图志》直接把汉代成乐县写作盛乐县，北魏沿袭为都城盛乐。今天绝大部分关于盛乐的观点，与《元和郡县图志》的记载相类似。[②]

古代很多由北方民族语言音译而来的汉语词语，今天已难以完全知晓其原始含义，但绝非可以用字面意思去附会。譬如赫连勃勃建立的大夏国都城统万城，《元和郡县图志》将其理解为“统一天下，君临万国”[③]一语的缩略；而经考证，统万又写作“统万突”“吐万突”，为匈奴语“tüman”（万）的复数形式，即“tümed”，表示拥有众多之意。[④]古汉语中，盛源于成，读作“成”；但后来盛也衍生出自己的一些含义，如盛大、旺盛等，读作“盛”。《魏书》《水经注》等记载拓跋鲜卑及北魏历史的第一手史料，并未提及汉代成乐县与盛乐之间的关系；目前关于土城子古城的考古工作，发现有北魏时期遗存，但并未能够提供其为拓跋代国时期盛乐城的确凿证据。据《周书·贺兰祥传》记载，北周有大将贺兰祥，字盛乐，祖上出自贺兰部[⑤]；《周

① ［唐］李吉甫撰，贺次君点校：《元和郡县图志》卷四《关内道四》，中华书局，1983年，第107页。

② 著名考古学家宿白《盛乐、平城一带的拓跋鲜卑—北魏遗迹——鲜卑遗迹辑录之二》（《文物》1977年第11期）一文，认为和林格尔县土城子古城即盛乐城遗址；关于盛乐的历史地理考证，日本学者松下宪一著、王庆宪译《拓跋鲜卑的都城与陵墓——以呼和浩特地区为中心》（《草原文物》2011年第1期）一文，史料收集最为全面。

③ ［唐］李吉甫撰，贺次君点校：《元和郡县图志》卷四《关内道四》，中华书局，1983年，第100页。

④ 陈喜波：《“统万突”与“薄骨律”词义考证》，《西北民族大学学报（哲学社会科学版）》2009年第6期。

⑤ ［唐］令狐德棻等：《周书》卷二十四《列传第十二》，中华书局，1971年，第335页。

书·晋荡公护传》在提到贺兰祥时，字作盛洛。[①]盛乐、盛洛，是一个词的两种写法，表明其非常有可能为北方民族语言的汉语音译。

所以，关于盛乐有重新考证的必要。《后汉书·乌桓鲜卑列传》记载有“饶乐水”[②]，《三国志·乌丸鲜卑东夷传》写作“作乐水”[③]，据考证，为今天西辽河上游西拉木伦河。《魏书》数次提到弱洛水，或作弱落水，或为西辽河上游西拉木伦河[④]，或为今天乌兰察布市四子王旗境内的希拉穆仁河[⑤]。西拉木伦、希拉穆仁，均为蒙古语“黄水”（sira müren）之意。到辽代，西拉木伦河名为袅罗个没里、女古没里、世里没里，均为契丹语“黄水”（niolk）之意，其语源则为鲜卑语饶乐水。[⑥]如此，则盛乐、盛洛应与饶乐、作乐、弱洛、弱落一样，均为鲜卑语“黄色”之意，后为契丹语所传承。

经以上分析，可以明确盛乐为鲜卑语，盛乐即饶乐，拓跋鲜卑驻牧盛乐之后，将呼和浩特平原上最主要的黄河支流大黑河称作盛乐水。大黑河在《汉书·地理志》中名为荒干水[⑦]，《水经注》中则记作芒干

---

① ［唐］令狐德棻等：《周书》卷十一《列传第三》，中华书局，1971年，第170页。

② ［南朝宋］范晔：《后汉书》卷九十《乌桓鲜卑列传》，中华书局，1965年，第2985页。

③ ［西晋］陈寿：《三国志》卷三十《乌丸鲜卑东夷传》，中华书局，1959年，第836页。

④ ［北齐］魏收：《魏书》卷二《太祖纪》，中华书局，1974年，第22页；《魏书》卷一百《列传第八十八》，中华书局，1974年，第2222页。

⑤ ［北齐］魏收：《魏书》卷一百三《列传第九十一》，中华书局，1974年，第2290、2308、2312页。

⑥ 清格尔泰：《清格尔泰文集》第五卷《契丹文字研究》（蒙古文），内蒙古科学技术出版社，2010年，第523—524页；刘迎胜：《西北民族史与察合台汗国史研究》，中国国际广播出版社，2012年，第40页。

⑦ ［汉］班固：《汉书》卷二十八《地理志》，中华书局，1962年，第1620页。

水[①]；芒干水与荒干水含义大致相同，均为以汉语命名的河水名。饶乐、盛乐和袅罗个、世里等词语，除“黄色”之意外，还具有“黄金”之意。北魏早中期皇陵名为金陵，隋唐史籍中称大黑河为金河，为此种解释增添了两个非常有价值的证据。

自有记载以来，大黑河流域一直是呼和浩特平原的中心，战国秦汉时期的云中郡故城（今呼和浩特市托克托县古城村古城）位于大黑河南岸；隋代，突厥启民可汗驻牧于大黑河流域，隋炀帝大业三年（公元607年）自榆林（今内蒙古鄂尔多斯市准格尔旗十二连城古城）过黄河，“溯金河而东北”[②]，抵达了位于大黑河畔的启民可汗牙帐；辽金元时期的丰州（今呼和浩特市赛罕区白塔古城）、云内州（今呼和浩特市托克托县西白塔古城）、东胜州（今呼和浩特市托克托县东沙岗城圐圙古城之中的大黄城、小黄城），合称“西三州”，呈东西一线布列于大黑河流域；明代蒙古土默特部阿拉坦汗修筑的归化城也在大黑河流域，今天发展为内蒙古自治区的首府所在地。位于大黑河流域的城邑，除水源丰富外，也便于与周边地区的交通，尤其是便于与呼和浩特平原北部阴山的联系。而土城子古城的位置优势在于对呼和浩特平原南部低山丘陵区的控制，水热条件较大黑河流域均差一等。

拓跋鲜卑自乌兰察布丘陵向西迁徙所至“定襄之盛乐”，大致范围在今呼和浩特平原大黑河流域的东部区域，包括了乌兰察布市卓资县西南部、凉城县西北部、呼和浩特市和林格尔县东北部及赛罕区、新城区的大部。这一地区处于呼和浩特平原区与乌兰察布丘陵区的过

① ［北魏］郦道元著，陈桥驿校证：《水经注》卷三《河水》，中华书局，2007年，第79页。

② ［唐］魏征等：《隋书》卷八十四《突厥传》，中华书局，1973年，第1875页。

渡地带，西汉时期设置有定襄郡，经济上农耕与畜牧兼容，从而成为拓跋鲜卑较为理想的驻牧地。

力微末年，拓跋鲜卑发生内讧，力微长子沙漠汗遭拓跋部大人杀害，王库贤暗地里投靠西晋，乘机挑拨拓跋诸大人与力微的关系。力微不久于忧患中去世，拓跋鲜卑陷入了权力纷争的内乱之中。西晋元康五年（公元295年），重新整合后的拓跋鲜卑形成三分之势："昭皇帝讳禄官立，始祖之子也。分国为三部：帝自以一部居东，在上谷北，濡源之西，东接宇文部；以文帝之长子桓皇帝讳猗㐌统一部，居代郡之参合陂北；以桓帝之弟穆皇帝讳猗卢统一部，居定襄之盛乐故城。"[①]

拓跋鲜卑的三分之地中，东部的"上谷北，濡源之西"，就是拓跋鲜卑最初由大泽南迁所至"匈奴之故地"。沙漠汗的长子猗㐌成长为拓跋三部中的中部大人，猗㐌的驻牧地在"代郡之参合陂北"，为今乌兰察布市黄旗海盆地北部的集宁小平原。参合陂为今天的黄旗海，"参合陂北"为一个专有地名，今乌兰察布市市政府所在地集宁区就坐落在参合陂北。[②]参合陂东邻长川，二者之间的南北向低山丘陵区，山色发黑，乱石丛生，《魏书》名之为"石漠"[③]。

从参合陂北向西，经今乌兰察布市卓资县十八台镇、马盖图村、卓资山镇、牛角川河、大榆树乡、大榆树村，进入呼和浩特平原大黑河流域东部一带，即定襄之盛乐。大黑河畔有两座汉代古城，自东向西依次为二十家子古城（西汉定襄郡武皋县兼中部都尉治所）、八拜古城（汉代云中郡原阳县治所），后者即"定襄之盛乐

① ［北齐］魏收：《魏书》卷一《序纪》，中华书局，1974年，第5—6页。

② 详见本书第三章。

③ ［北齐］魏收：《魏书》卷二《太祖纪》，中华书局，1974年，第43页。

故城”[1]。“参合陂北”与“定襄之盛乐”之间的东西通道，是一条传统的驿道。西汉时期，定襄郡中部都尉的塞道，在二十家子古城向东经石人湾村至大榆树村，发源于这一地带的石人湾河在汉魏时期被认为是荒干水的源头。[2]曹魏甘露三年（公元258年），拓跋鲜卑从长川经这一通道西迁至定襄之盛乐，部落三分之际又从定襄之盛乐向东扩展势力至参合陂北。

东晋咸康四年（公元 338 年），拓跋什翼犍建代国，建国三年（公元 340 年）从参合陂移都于云中之盛乐宫，建国四年（公元 341 年）在“定襄之盛乐故城”南八里建盛乐城。[3]云中之盛乐宫、定襄之盛乐故城、盛乐城均位于大黑河南岸，云中之盛乐宫在西，为今呼和浩特市托克托县古城村古城，加筑沿用自战国时期赵国云中郡、秦汉时期云中郡云中县故城；定襄之盛乐故城、盛乐城在东，分别为今呼和浩特市赛罕区八拜古城、西达赖营古城。《魏书》的作者魏收为了区分呼和浩特平原上的大黑河流域东、西两部分，在其前面分别加了汉代郡名。西汉时期，大黑河流域西部为云中郡，东部为定襄郡，所以西部为“云中之盛乐”，东部为“定襄之盛乐”。当然，这只是一个大致的区分，在汉代，八拜古城作为原阳县治城，位于云中郡的最东端，《魏书》仍称作“定襄之盛乐故城”。盛乐宫与盛乐城，二者均位于大黑河南岸，东西相距约 55 千米，构成了代国在大黑河流域的双政治中心；盛乐城与定襄之盛乐故城，又构成了代国在定襄之盛乐的新、旧政治中心（图 1–5）。

---

① ［北齐］魏收：《魏书》卷一《序纪》，中华书局，1974年，第6页。

② ［汉］班固：《汉书》卷二十八《地理志》，中华书局，1962年，第1620页。

③ ［北齐］魏收：《魏书》卷一《序纪》，中华书局，1974年，第12页。

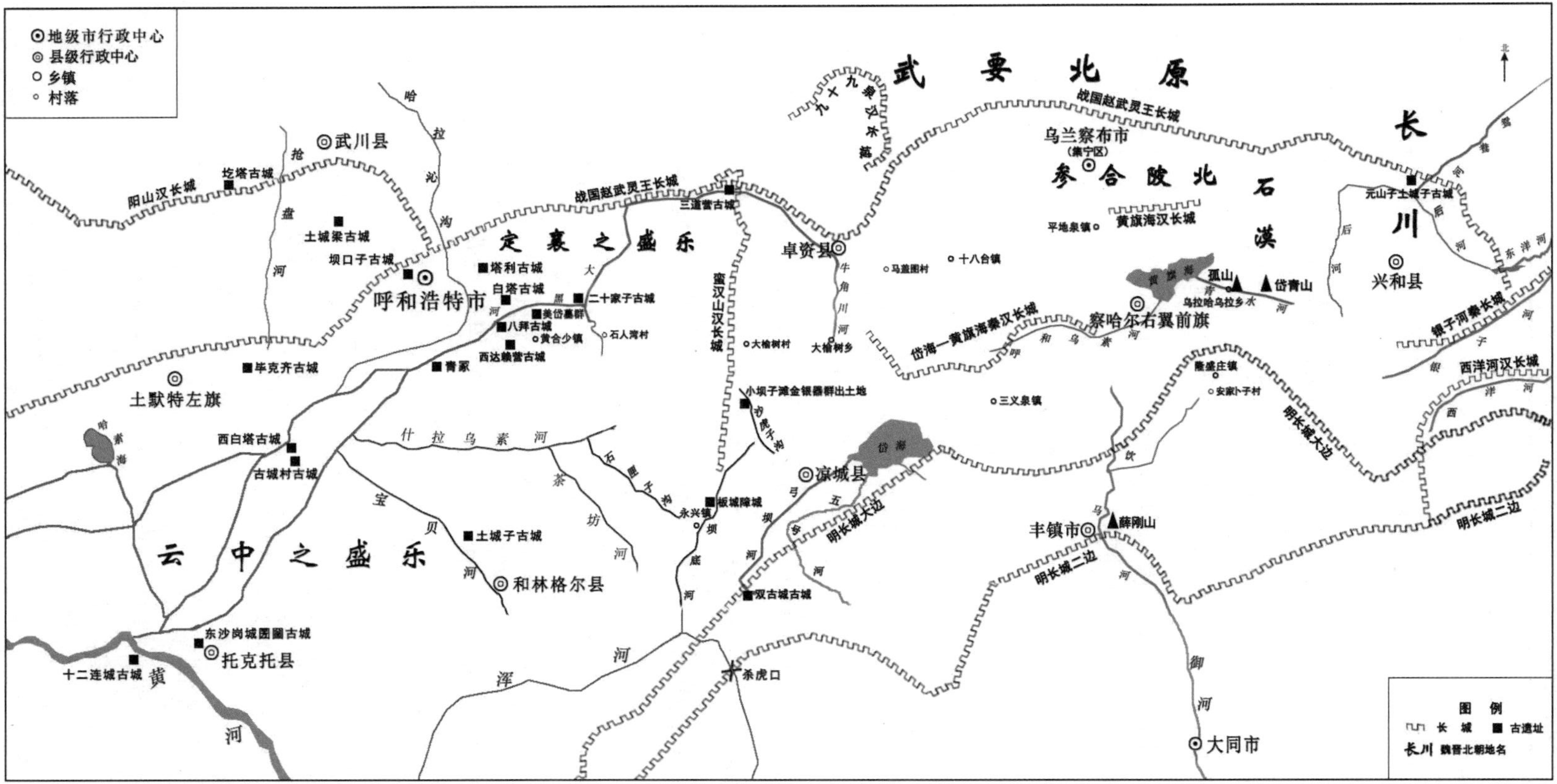

图1–5　拓跋鲜卑代北驻牧示意图

西达赖营古城位于今呼和浩特市赛罕区金河镇西达赖营村北侧的大黑河冲积平原之上，周边地势平坦，北距大黑河约 5 千米。古城平面呈长方形，南北长约410米，东西宽约360米。大部分墙体为堆土而成，小部分地段可见夯筑墙体，夯层厚 11~17 厘米。西墙之上，北侧有一座直径约 25 米的圆形台基，南侧有一座向外突出的马面。古城门址已破坏不清。城内散布遗物有陶片、瓦片等，可见颈部饰三条平行线纹的泥质灰陶罐残片，板瓦较多见，瓦背多饰网格纹，瓦腹多饰布纹。从古城采集的少量遗物看，具有北魏时期的特点；古城西墙上残留的圆形台基、马面，亦具有北魏城邑风格。据传，早年间古城附近曾出土一方刻有“□王猗卢之碑也”铭文的石碑，原碑已不存，有碑刻拓片现藏于北京大学图书馆。[①]

据《魏书·序纪》记载，什翼犍建国四年（公元 341 年），“秋九月，筑盛乐城于故城南八里”[②]。西达赖营古城西北距八拜古城约 3500 米，与北朝的八里大致相吻合。今天所见西达赖营古城，以北魏遗存为主，拓跋代国遗存尚无法确认。北魏时期，对盛乐城作了加筑沿用，称作“云中旧宫”，太武帝拓跋焘于始光三年（公元 426 年）六月“幸云中旧宫，谒陵庙”[③]，似为金陵之奉陵邑。云中之盛乐宫所在的古城村古城，北魏早期称盛乐旧都，后加筑沿用为云中镇及朔州治城，后又改制为朔州盛乐郡，今天所见城垣亦主要为北魏遗迹。[④] 和林格

---

① 田余庆：《关于拓跋猗卢残碑及拓本题记二则——兼释残碑出土地点之疑》，《当代名家学术思想文库·田余庆卷》，万卷出版公司，2011年。

② ［北齐］魏收：《魏书》卷一《序纪》，中华书局，1974年，第12页。

③ ［北齐］魏收：《魏书》卷四《世祖纪》，中华书局，1974年，第71页。

④ 《魏书·地形志》记载云州下辖四郡八县，为北魏末年改镇为州后的建制，在六镇起义之后均成为侨置郡县。云州由朔州改制而来，朔州之下于史籍中仅见盛乐、云中二郡，其中盛乐郡兼为朔州州治。

尔县土城子古城在北魏时期的行政建制，《水经注》引《魏土地记》曰："云中城东八十里有成乐城。今云中郡治，一名石卢城也。"[①]位于云中城东八十里处的成乐城，北魏设朔州云中郡，城名石卢城，与西汉时期一样，管辖的地域范围主要是呼和浩特平原东部、南部的山地丘陵区。

什翼犍建代国，政治中心从大黑河流域东部扩展至西部，从而掌控了整个呼和浩特平原，称作云中或云中川。建国三十六年（公元 373 年），什翼犍派遣左长史燕凤出使前秦，燕凤向前秦皇帝苻坚描绘代国雄风，讲道："云中川自东山至西河二百里，北山至南山百有余里，每岁孟秋，马常大集，略为满川。"[②]燕凤描绘的这个云中川，正是呼和浩特平原的范围所在，西河指今南流黄河，北山是今大青山，东山、南山指低山丘陵区。

这样，《魏书》记载的云中、盛乐可以有一个大概的区分。云中泛指呼和浩特平原，盛乐则固定于呼和浩特平原上的大黑河沿线，定襄之盛乐专指大黑河流域东部，云中之盛乐专指大黑河流域西部。[③]建国三十九年（公元 376 年）拓跋代国灭亡之前，地名多用"盛乐"一词；而登国元年（公元 386 年）拓跋珪复国，尤其是天兴元年（公元 398 年）定都平城之后，地名又多用"云中"一词。北魏皇陵金陵，偶尔写作"盛乐金陵"，表明其位于大黑河沿岸；大部分写作"云

① ［北魏］郦道元著，陈桥驿校证：《水经注校证》卷三《河水》，中华书局，2007年，第78页。

② ［北齐］魏收：《魏书》卷二十四《列传第十二》，中华书局，1974年，第610页。

③《魏书》所云"云中之盛乐"与"定襄之盛乐"的分界点，大概在自唐代以来记载为"青冢"的所谓"王昭君墓"。青冢位于大黑河南岸，是大黑河东西一线与白道向南至和林格尔县土城子古城南北一线的交汇点。作为北魏时期呼和浩特平原的交通枢纽，太和十八年（公元494年）孝文帝拓跋宏北巡盛乐，在由金陵至朔州的途中需在此宿顿，因而可能建有行宫。

中金陵”，表明其位于云中川之地，实际上说的是同一个地方。[①]《魏书》“定襄陵庙之至重，平城守国之要镇”[②]之语，则将金陵的位置指向了定襄之盛乐，初步推断可能在西达赖营古城西北约 13 公里处的宝贝梁一带。[③]

什翼犍往往将参合陂作为夏天的驻牧地，即夏宫所在，秋天回到盛乐。除参合陂外，盛乐以北的阴山之中，也应是代国夏天的驻牧之地。山地与平原相结合的地形环境，是游牧民族理想的牧场，夏天居于山地，冬天回到平原之上。阴山与呼和浩特平原正是这样的一种结合体，拓跋鲜卑以阴山为圣山，以大黑河为圣水，形成盛乐—阴山驻牧体系。代国设置于盛乐的两个政治中心，向北均正对阴山之中的南北向通道，便于与阴山及其以北草原之间的联系。西达赖营古城向北正对着哈拉沁沟，古城村古城向北正对着抢盘河河谷，两条通道最晚在汉代已经可以通车马。西汉时期，哈拉沁沟是云中郡东部都尉（与陶林县同在今呼和浩特市新城区塔利古城）的塞道，抢盘河河谷是云中郡中部都尉（与北舆县同在今呼和浩特市土默特左旗毕克齐古城）的塞道。

建国三十九年（公元 376 年），前秦进攻代国，什翼犍被击败，逃亡到阴山以北。不久什翼犍又返回盛乐，为庶长子寔君所杀，代国灭亡，盛乐地区进入了短暂的前秦统治时期。天兴元年（公元 398

---

① 《魏书》只是在记载安葬拓跋珪母亲贺氏及拓跋珪本人时，提到盛乐金陵，其余均为金陵或云中金陵。北魏以“云中”为呼和浩特平原的常用地名，开国时期（公元386~398年）位于大黑河西部的行宫名为云中宫，道武帝拓跋珪之后在称金陵为云中金陵的同时，将盛乐城作为金陵的奉陵邑改称为云中旧宫。

② ［北齐］魏收：《魏书》卷十八《太武五王列传》，中华书局，1974年，第432页。

③ 李逸友：《内蒙古土默特旗出土的汉代铜器》，《考古通讯》1956 年第 2 期；李逸友：《关于内蒙古土默特旗出土文物情况的补正》，《考古通讯》1957 年第 1 期；内蒙古文物工作队：《内蒙古呼和浩特美岱村北魏墓》，《考古》1962 年第 2 期。

年），北魏定都平城之后，早中期的皇帝几乎每年夏天均要巡幸阴山，以至形成了固定的“阴山却霜”之俗。“阴山却霜”期间，皇帝们会拜谒金陵，驻跸于云中旧宫，此外在阴山之中也建有行宫广德宫（今呼和浩特市武川县纳令沟圪塔古城）。这一时期，平城为北魏的正式都城，盛乐具有游牧民族政权夏都的性质，也是皇陵、宗庙所在的圣都。

三、一个假设性的推理

西晋泰始七年（公元 271 年），卫瓘担任征北大将军、都督幽州诸军事，兼任护乌桓校尉，管理乌桓、鲜卑等北边部族事务。《晋书·武帝纪》记载，咸宁三年（公元 277 年），“使征北大将军卫瓘讨鲜卑力微”[①]。《晋书·卫瓘传》记载：“于时幽并东有务桓，西有力微，并为边害。瓘离间二虏，遂致嫌隙，于是务桓降而力微以忧死。”[②]后一则史料中的务桓，指的是以王库贤为首的乌桓部落，驻牧于拓跋鲜卑的东部，大致在幽州（在今北京市）以北一带。在卫瓘的挑拨离间之下，力微、王库贤组成的部落联盟瓦解，力微死，王库贤降，卫瓘因此受到朝廷奖赏。

在这个历史事件中，力微长子沙漠汗是关键性人物之一。咸宁元年（公元 275 年），沙漠汗赴西晋朝觐，西晋赏赐丰厚，“晋遗帝锦、罽、缯、彩、绵、绢、诸物，咸出丰厚，车牛百乘”[③]。归国途中，沙漠汗行至并州（在今山西太原市），为卫瓘所留，卫瓘看到沙漠汗气质非凡，恐将来成为边患，于是密谋杀害沙漠汗。卫瓘先用重金贿赂

---

① ［唐］房玄龄等：《晋书》卷三《武帝纪》，中华书局，1974年，第67页。

② ［唐］房玄龄等：《晋书》卷三十六《列传第六》，中华书局，1974年，第1057页。

③ ［北齐］魏收等：《魏书》卷一《序纪》，中华书局，1974年，第4页。

拓跋鲜卑诸大人，利用他们离间力微与沙漠汗的父子关系。咸宁三年（公元277年），沙漠汗从并州归国，在阴馆（在今山西朔州市朔城区）与前来迎接的诸大人会面，宴会上沙漠汗乘兴表演了飞弹射鸟的技艺。有的大人先期回到盛乐，向力微汇报，说："太子才艺非常，引空弓而落飞鸟，是似得晋人异法怪术，乱国害民之兆，惟愿察之。"力微轻信谗言，"于是诸大人乃驰诣塞南，矫害帝"。[①]

从并州至阴馆，需要穿越今雁门山之中的雁门关，北朝时期名为句注陉。阴馆沿袭自汉代雁门郡旧县。西汉时期，雁门郡设置于句注陉以北，郡治善无县（在今山西右玉县右卫镇）；到东汉，雁门郡郡治阴馆，善无县成为定襄郡郡治。从阴馆至善无，有一条南北向的驿道，驿程距离约120公里，骑马大约需要走4天。西汉雁门郡有东部、西部两个都尉，东部都尉治平城县（在今山西大同市市区），西部都尉治沃阳县，沃阳县故城为今乌兰察布市凉城县双古城古城。[②] 善无县在浑河上游苍头河东岸，沃阳县位于善无县的东北方向，自善无县顺着苍头河北上，再向东北顺着岱海内流河弓坝河（汉代名沃水）进入岱海盆地，可至沃阳县，二县之间仅有1天的驿程。沃阳县作为西汉雁门郡西部都尉治所，其塞道所在，应是从沃阳县向北经岱海盆地出蛮汉山南北一线。

蛮汉山东西横亘于岱海盆地北部，在盆地西北部的蛮汉山之中，主要有两条山间通道，东部为沙虎子沟，西部为石匣子沟，均可通往呼和浩特平原。西汉定襄郡在蛮汉山之上修筑有一道南北向的长城，起到由西向东的防御作用，位于长城沿线的乌兰察布市卓资县三道营古城、呼和浩特市赛罕区二十家子古城，依次为定襄郡武要

① ［北齐］魏收：《魏书》卷一《序纪》，中华书局，1974年，第4—5页。

② 凉城县文物保护管理所编：《凉城县文物志》（内部资料），1992年，第115—122页。

县兼东部都尉治所、武皋县兼中部都尉治所。西汉定襄郡西部都尉与武进县同治，据《汉书·地理志》："武进，白渠水出塞外，西至沙陵入河。"[①]白渠水为自东向西流经呼和浩特平原南部的什拉乌素河，今天的源头在和林格尔县盛乐镇西沟门村向南的石匣子沟之中，源出黑老窑乡的茶坊河是其主要支流。结合《水经注》记载（白渠）"水出塞外，西径定襄武进县故城北"[②]，武进县最有可能在和林格尔县盛乐镇西沟门村至公喇嘛村之间，但这一区域之内目前尚未发现汉代城邑。武进县治所存疑，但沟通今岱海盆地与呼和浩特平原之间的石匣子沟，应是西汉定襄郡西部都尉治下的塞道。如此，则位于石匣子沟之东的沙虎子沟，当是西汉雁门郡西部都尉的塞道所在。

沙漠汗从阴馆北归，先至善无县，然后顺着苍头河北上，经后来明长城上的杀虎口，至苍头河汇入浑河河口，逆浑河而上东行至双古城古城；再由双古城古城北行，自坝底河河谷进入蛮汉山，过蛮汉山分水岭之后转入沙虎子沟。沙虎子沟，与杀虎口一样，实际上为"杀胡沟"的转写。出沙虎子沟，就出了西汉雁门郡辖区，向西开始进入西汉定襄郡辖区。到西晋时期，蛮汉山汉长城对于拓跋鲜卑仍然具有边塞意义，是拓跋鲜卑驻牧的"定襄之盛乐"的东界。沙漠汗走到小坝子滩一带，马上要出沙虎子沟，但还没有进入蛮汉山汉长城之内，就在拓跋鲜卑认为的"塞南"之地惨遭杀害。从小坝子滩过蛮汉山汉长城至石人湾河一带，也就仅仅剩下 1 天的驿程。蛮汉山汉长城为南北走向，小坝子滩位于长城东侧，这里"塞南"的描述反映了北方游牧民族"方向的顺时针 90° 移位"现象，位置

---

① ［汉］班固：《汉书》卷二十八《地理志》，中华书局，1962年，第1620页。

② ［北魏］郦道元著，陈桥驿校证：《水经注校证》卷三《河水》，中华书局，2007年，第78页。

在“东”的事物往往写作“南”。[①]

沙漠汗遇害之际，具体和拓跋鲜卑诸大人发生了什么，今天已无从得知。小坝子滩金银器群的主人，显然并非一般人，此人应在拓跋鲜卑中有一定的地位，并且有与中原交往的机会，或得到西晋朝廷的高度重视。在那个历史时期，此人非沙漠汗莫属，故这些金银器，或至少其中一部分是其随身携带的西晋王朝赏赐之物的可能性极大。而这些器物遗落在沙漠汗遇害之地，也提高了这种可能性。联系沙漠汗遇害事件，并对此尽可能进行合乎情理的分析，或有两种可能值得注意，一种是沙漠汗于危急之际，将这些金银器匆匆丢弃；另一种可能是，拓跋鲜卑诸大人杀死沙漠汗后，恐力微得知真相，知道这些为西晋王朝所赐，于己不利，于是掩埋了它们；甚至与卫瓘的策划不无关系。这些金印、银印，反映了西晋王朝对拓跋鲜卑等部族首领的分封。“晋鲜卑归义侯”金印、“晋乌丸归义侯”金印，应是分别赐予力微、王库贤二人的。“晋鲜卑率善中郎将”银印的受赐者，应是沙漠汗本人，是西晋认可的力微接班人。背面錾刻“猗㐌金”字样的四兽形金饰牌，则是赐予沙漠汗长子猗㐌的。这时的猗㐌，尚处于幼年时期[②]，饰牌上錾刻的“猗㐌金”三字显得分外拙朴。

自曹魏甘露三年（公元 258 年）力微从长川西迁至定襄之盛乐，拓跋鲜卑长期以此为根据地，力量不断发展壮大。拓跋鲜卑是继檀

① （日）大叶升一著，宝力格译：《关于见于元朝、伊利汗国文献中方向的顺时针90° 移位》，《考古学信息》2001年第2期；阿尔丁夫：《“方向的顺时针90° 移位”差错与平面四方观念的B种类型——同日本学者大叶升一先生商榷，兼谈北半球人类方向的演变》，《内蒙古师范大学学报（哲学社会科学版）》2012年第2期。

② 田余庆考证㐌生于公元267年，卒于公元305年，具体参见《拓跋史探》（生活·读书·新知三联书店，2011年）第157页脚注〔3〕。如此，则沙漠汗遇害之时，猗㐌年仅十一岁。

石槐鲜卑、轲比能“小种鲜卑”之后，在漠南地区新崛起的一支鲜卑力量，力微受了西晋“晋鲜卑归义侯”的封号，秩比郡县。由于沙漠汗半路遭截杀，力微可能并不知晓自己的这个封号，所以没在《魏书》等史料中记载下来。

沙漠汗被杀后不久，力微于忧患中去世，拓跋鲜卑陷入了权力纷争的内乱之中。西晋元康五年（公元 295 年），重新整合后的拓跋鲜卑部落形成三分之势。此时，沙漠汗的长子猗㐌已成长为拓跋三部中的中部大人。关于猗㐌的驻牧地“代郡之参合陂北”，有的学者认为在今凉城县岱海盆地，田余庆也以为如此。小坝子滩位于岱海盆地之北，于是多将金银器群出土地与猗㐌驻牧地想当然地联系了起来，将“猗㐌金”指向了拓跋部落三分时的猗㐌大人。

猗㐌在位期间，曾协助西晋并州刺史司马腾攻打南匈奴刘渊，西晋永兴二年（公元 305 年），“晋假桓帝大单于，金印紫绶”[①]。猗㐌从西晋获得“大单于”封号，较力微的“晋鲜卑归义侯”有明显提高，大单于秩比外诸侯，拓跋鲜卑进入部落大联盟阶段。猗㐌、禄官先后去世，猗卢总领三部，与西晋交好，于西晋永嘉四年（公元 310 年）受封大单于、代公，西晋建兴三年（公元 315 年）又进封为代王[②]，至此，一个地方民族政权已初具规模。什翼犍在位期间，利用五胡南下中原的机遇，在代北建立起了五胡十六国之外的第十七国——代国。所以，“晋鲜卑归义侯”金印最有可能为西晋王朝授予力微之物。

---

① ［北齐］魏收：《魏书》卷一《序纪》，中华书局，1974年，第7页。

② ［北齐］魏收：《魏书》卷一《序纪》，中华书局，1974年，第7—9页。

四、小结

关于“猗㐌金”四兽形金饰牌与拓跋鲜卑三分时的中部大人猗㐌之间的关系，结合田余庆关于拓跋与乌桓共生于代北的研究成果，笔者重新考证小坝子滩金银器群实际上与沙漠汗遇害事件密切相关，“晋鲜卑归义侯”金印、“晋乌丸归义侯”金印和“晋鲜卑率善中郎将”银印是西晋王朝分别授予力微、王库贤和沙漠汗的印信，而“猗㐌金”四兽形金饰牌则是临时授予沙漠汗长子猗㐌之物。

拓跋鲜卑由大泽南迁漠南之后，关于其在代北地区的活动地域，由于史料记载的讹误，一直模糊不清。沙漠汗遇害于“塞南”之地，小坝子滩金银器群的出土地位于蛮汉山汉长城外侧，从而表明当时力微驻牧的“定襄之盛乐”位于大黑河流域东部地区，东界止于蛮汉山汉长城。到拓跋部落三分之际，拓跋鲜卑的势力范围从“定襄之盛乐”东扩至“参合陂北”及“上谷北，濡源之西”。西部大人猗卢所居“定襄之盛乐故城”，为汉代云中郡原阳县故城。随着拓跋鲜卑势力不断壮大，在与西晋王朝的交往中掌握了越来越多的主动权，西晋王朝授予拓跋大人的封号不断提高。到什翼犍时期，拓跋代国顺着大黑河向西扩展至南流黄河东岸，在大黑河西部建“云中之盛乐宫”，在“定襄之盛乐故城”南八里建盛乐城，构成了盛乐地区的双政治中心。盛乐宫、盛乐城在北魏时期均有加筑沿用，代国时期为何种形制难以确定。北魏定都平城之后，作为圣都，盛乐的政治地位依然很高，设置有云中镇、朔州等行政军事建制，守卫皇家陵寝与宗庙。

目前能够确认的拓跋力微至什翼犍时期的遗物，除小坝子滩金银器群外，就是托克托县古城村古城出土的一件铜佛像、包头市达尔罕茂明安联合旗出土的西河金器群，前者属于拓跋代国建都云中之盛乐宫时期遗物[①]，后者则体现了拓跋代国时期什翼犍与慕容部之间的联姻关系[②]。所以，小坝子滩金银器群对于研究拓跋鲜卑在代北地区的发展历程及其与西晋王朝关系的演变，是一批非常珍贵的实物资料，其历史价值远远大于金银器本身所具有的艺术价值。

① 石俊贵主编：《托克托文物志》（下），中华书局，2006年，第397页。

② 吴松岩、赵菲：《十六国早期拓跋部与慕容部联姻考——从内蒙古达茂旗出土金步摇冠饰谈起》，《边疆考古研究》第29辑，科学出版社，2021年。

第二章　云中宫

登国元年（公元 386 年）正月，道武帝拓跋珪于牛川（今乌兰察布市察右后旗韩勿拉河流域）复国，二月“幸定襄之盛乐”[①]，回到了拓跋代国时期位于今呼和浩特平原大黑河流域东部的政治中心。但直至天兴元年（公元 398 年）定都平城之前，道武帝领导的是一个游牧“行国”，主要游弋于阴山山脉至燕山山脉东西一线。这一段北魏早期的历史，有学者专门撰文讨论[②]，可称之为“北魏开国时期”。

北魏开国时期（公元 386~398 年），《魏书》记载登国七年（公元 392 年）皇太子拓跋嗣在云中宫出生。对于云中宫位置所在，《水经注》有详细描述。

一、史籍记载的“云中宫”

关于云中宫，《魏书》中仅见于《太宗纪》的一则记载，具体描述如下：“太宗明元皇帝，讳嗣，太祖长子也，母曰刘贵人，登国七年生于云中宫。太祖晚有子，闻而大悦，乃大赦天下。”[③]登国七年为公元 392 年，关于拓跋嗣出生于这一年，《魏书·太祖纪》亦有记载，但极为简略，仅作“是岁，皇子嗣生”[④]。

关于云中宫的位置所在，《水经注》有专门记载：“白渠水西北径成乐城北。《郡国志》曰：成乐，故属定襄也。《魏土地记》曰：

---

① ［北齐］魏收：《魏书》卷二《太祖纪》，中华书局，1974年，第20页。

② （日）田中一辉：《从登国元年到皇始元年的拓跋珪》，刘跃进、徐兴无主编：《大夏与北魏文化史论丛》，凤凰出版社，2020年。

③ ［北齐］魏收：《魏书》卷三《太宗纪》，中华书局，1974年，第49页。

④ ［北齐］魏收：《魏书》卷二《太祖纪》，中华书局，1974年，第25页。

云中城东八十里有成乐城。今云中郡治，一名石卢城也。白渠水又西径魏云中宫南。《魏土地记》曰：云中宫在云中县故城东四十里。白渠水又西南径云中故城南，故赵地。《虞氏记》云：赵武侯自五原河曲筑长城，东至阴山。又于河西造大城，一箱崩不就，乃改卜阴山河曲而祷焉。昼见群鹄游于云中，徘徊经日，见大光在其下。武侯曰：此为我乎？乃即于其处筑城，今云中城是也。秦始皇十三年，立云中郡，王莽更郡曰受降，县曰远服矣。”①

《水经注》的这段记载，描述的是白渠水自东向西的流经之地，依次为成乐城北、云中宫南、云中故城南。一般认为，白渠水为今流经呼和浩特平原南部的黄河支流什拉乌素河。对于白渠水依次流经的三地，《水经注》又分别引《郡国志》、《魏土地记》、《虞氏记》三书予以注解。其中，《郡国志》属于《续汉书》的地理志，原为西晋史学家司马彪所著，后为南朝宋史学家范晔撰著《后汉书》时收录，《续汉书》今已不存，而《郡国志》通过《后汉书》的收录得以保存下来；《魏土地记》极有可能为一部记载北魏地理的书籍，原书已不存，《水经注》对其多有引用；至于《虞氏记》，其描述的赵武侯（赵武灵王）筑云中城事经不住推敲，类似野史传说，可能是私家著述一类的作品。

成乐城，为今呼和浩特市和林格尔县土城子古城，最早为西汉定襄郡郡治成乐县，东汉改属云中郡；云中故城，为今呼和浩特市托克托县古城村古城，最早为赵国云中郡，秦汉时期为云中郡郡治云中县。《魏土地记》记载，成乐城在云中城东八十里处。土城子古城位于古

---

① ［北魏］郦道元著，陈桥驿校证：《水经注校证》卷三《河水》，中华书局，2007年，第78—79页。

城村古城东南方向，二者之间的驿程距离约 38 千米，与北魏八十里大体可相对应，为当时骑马一天的驿程。《魏土地记》还记载，成乐城为“今云中郡治，一名石卢城也”，说的是成乐城在北魏时期的行政建制，为朔州云中郡治所。

《魏土地记》记载，云中宫在云中县故城东四十里。由《魏土地记》这条史料出发，郦道元认为，云中宫恰好位于云中城与成乐城之间，白渠水流经云中宫南。内蒙古的文物考古工作者依据《水经注》，在土城子古城与古城村古城之间作了很多田野调查工作，但一直没有能够发现云中宫的蛛丝马迹。

二、后朱堡烽戍

近年来，在呼和浩特市土默特左旗北什轴乡后朱堡村发现一座北魏烽戍，被命名为后朱堡烽戍。烽戍北倚大黑河，由于常年的风雨侵蚀，显得残破不堪，断裂为两个夯土高台，残高约 6 米（图 2–1）。据当地村民介绍，在 21 世纪初，这个台体的高度还有 10 米左右，底部直径约 6 米。初步推断，这个烽戍的原初形制应是一座夯筑的圆形高台体。

类似于后朱堡烽戍的北魏遗址，在呼和浩特平原地区还有多处，如呼和浩特市和林格尔县盛乐镇西沟门村东南侧山顶上，有一座圆形土筑烽戍，可称之为西沟门烽戍。当然，最著名的当属位于今呼和浩特市玉泉区大黑河南岸的青冢（图 2–2）。青冢是历史上最为著名的“王昭君墓”，后朱堡烽戍也被当地村民称作“王昭君墓”，烽戍南侧早年还建有供奉王昭君的“昭君庙”。

图 2-1　后朱堡烽戍（东—西，烽戍北侧为大黑河，南侧为后朱堡村）

西沟门烽戍、青冢、后朱堡烽戍，均位于太和十八年（公元 494 年）孝文帝拓跋宏北巡盛乐及阴山地区的驿道之上。据《魏书·高宗纪》记载，太和十八年（公元 494 年）秋七月“壬辰，车驾北巡。戊戌，谒金陵。辛丑，幸朔州。……八月癸卯，皇太子朝于行宫。甲辰，行幸阴山，观云川”[①]。孝文帝从平城出发，一路向西，在今内蒙古与山西交界处的杀虎口进入今天呼和浩特市和林格尔县境内；从杀虎口向北，顺着浑河的上游支流苍头河北上，又进入今乌兰察布市凉城县永兴镇一带，经永兴镇西北的石匣子沟进入呼和浩特平原。石匣子沟，即为《水经注》记载的参合陉。[②] 西沟门烽戍位于参

① ［北齐］魏收：《魏书》卷七《高宗纪》，中华书局，1974年，第174页。

② ［北魏］郦道元著，陈桥驿校证：《水经注校证》卷三《河水》，中华书局，2007年，第81页。

图 2-2　青冢夏景（南—北）

合陉北端西侧的山顶之上，北眺呼和浩特平原。进入呼和浩特平原，也就是北魏王朝的龙兴之地盛乐之后，孝文帝首先祭拜了位于大黑河南岸的金陵，之后沿着大黑河南岸向西而行，先后经西达赖营古城（拓跋代国盛乐城、北魏云中旧宫）、青冢，抵达朔州，也就是古城村古城。

北魏时期，古城村古城最早为云中镇兼朔州治所，太和十八年（公元 494 年）左右云中镇被废除，成为朔州州治盛乐郡。孝文帝从朔州北经白道抵达阴山，在阴山之巅的坝顶遗址举行了“观云川”活动，即祭天仪式。[1] 从朔州至阴山，须途经后朱堡烽戍，在这里过大黑河，

① 张文平、丹达尔：《内蒙古武川坝顶北魏阴山皇家祭天遗址》，《大众考古》2021年第1期。

经毫赖沟抵达坝顶遗址。由此初步推断，后朱堡烽戍是孝文帝北巡驿道之上的一处宿顿之地，可能即为“八月癸卯，皇太子朝于行宫”的行宫所在地。

三、云中宫位置新考

后朱堡烽戍位于古城村古城东北方向，二者之间的驿程距离约18千米，按照北魏后尺一尺约等于现代29.5911厘米计算[①]，大体为北魏四十里左右，相当于当时骑马半天的驿程。由此推想，后朱堡烽戍所在之地，有没有可能为北魏云中宫旧址呢？这是完全有可能的。

《魏土地记》分别记载：云中城东八十里有成乐城，云中宫在云中县故城东四十里。郦道元根据这两条史料，想当然地把云中宫放置在云中城与成乐城之间的白渠水之北一带。历史上，北方游牧民族的方位观与中原农耕民族往往会有一定的差异，经常出现方向顺时针45°或90°的移位现象，位置在“东北”或“北”的事物往往写作“东”。《魏土地记》所言“云中城东八十里有成乐城”和“云中宫在云中县故城东四十里”，二者的“东”并不一定指的是同一个方向，后者的“东”极有可能是北方游牧民族的方位，实际上指向的是“东北”（图2–3）。

---

① 李海、吕仕儒、高海、马志强：《北魏尺度及其对后世的影响》，《山西大同大学学报（自然科学版）》2010年第4期。

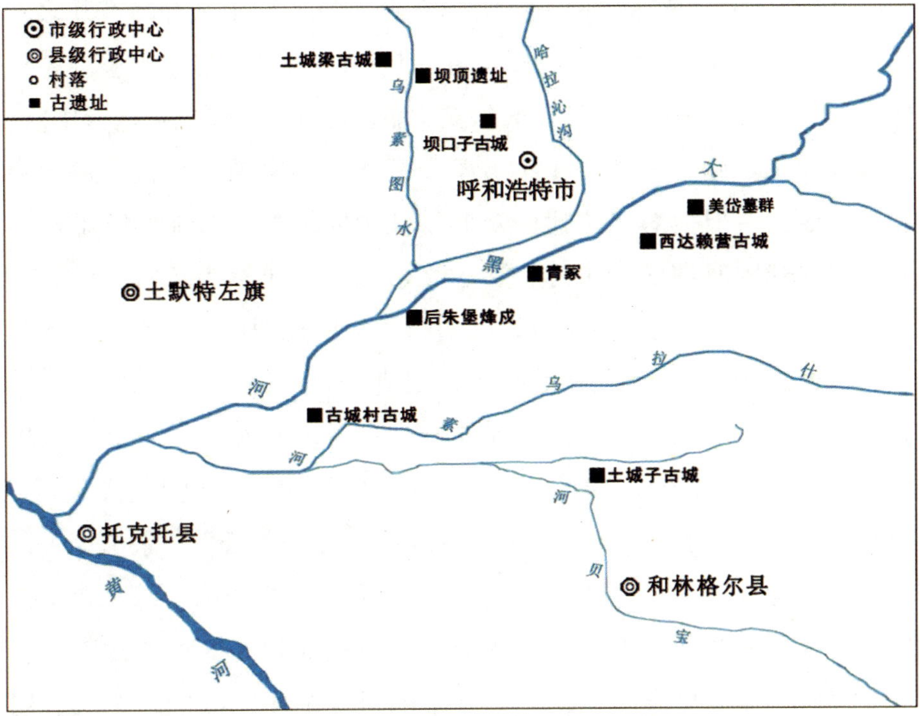

图 2–3　云中城、成乐城与后朱堡烽戍相对位置关系示意图

我们再回到《水经注》关于白渠水流经之地的这段记载，对其史料来源作大致辨析。首先，“白渠水西北径成乐城北”、“白渠水又西南径云中故城南，故赵地”这两条史料，当为《水经》原文；其次，《郡国志》《魏土地记》和《虞氏记》的内容，均为郦道元作《水经注》引用的注解资料，而“白渠水又西径魏云中宫南”这一记载，则是郦道元根据《魏土地记》“云中宫在云中县故城东四十里”的描述所形成的新认识。如前所言，如果《魏土地记》“云中宫在云中县故城东四十里”所言之“东”，与“云中城东八十里有成乐城”所言之“东”，并非指的是同一个方位，则云中宫就不一定在云中城与成乐城之间。

大黑河是呼和浩特平原之上最大的黄河支流，沿线分布有众多不同历史时期的重要遗址。拓跋代国及北魏时期的一些重要遗址，均分布于大黑河沿岸，如金陵、盛乐城、盛乐宫等，当然也包括云中宫。作为太和十八年（公元 494 年）孝文帝北巡的陪同大臣，郦道元到过盛乐地区，但他对拓跋代国及北魏开国时期的很多地望已不甚了了。北魏开国时期的云中宫，在孝文帝北巡时仍然为行宫，但名字可能已经不叫云中宫，造成郦道元对云中宫的地望所在发生了误解。

此外，云中宫也不是拓跋代国时期建立的“云中之盛乐宫”。建国三年（公元 340 年），拓跋什翼犍从参合陂移都于“云中之盛乐宫”[①]。到太武帝拓跋焘时期，盛乐宫仍见于《魏书·世祖纪》记载：始光元年（公元 324 年）“八月，蠕蠕率六万骑入云中，杀掠吏民，攻陷盛乐宫”[②]。由此可见，盛乐宫与云中宫是两个地方，前者是拓跋代国建于大黑河下游的政治中心，后者是北魏开国时期建于大黑河下游的行宫。盛乐宫旧址，初步推断可能沿用了战国、秦汉时期的云中城，亦在古城村古城。

古城村古城的考古发掘工作，只有零星的开展，目前未能确定盛乐宫遗迹。后朱堡烽戍也可能只是云中宫旧址的一部分，与青冢一样，高大的夯土台基具有警戒、瞭望等功能。至于北魏开国时期的云中宫与孝文帝北巡行宫的宫室建筑遗迹，已毁于大黑河泛滥及近代以来的村庄建设之中。

---

① ［北齐］魏收：《魏书》卷一《序纪》，中华书局，1974年，第12页。

② ［北齐］魏收：《魏书》卷四《世祖纪》，中华书局，1974年，第69页。

四、小结

历史学界往往把从拓跋鲜卑于曹魏甘露三年（公元 258 年）迁徙至盛乐，到天兴元年（公元 398 年）定都平城的这一段历史，称作“北魏盛乐时期”。客观上来看，从曹魏甘露三年（公元 258 年）迁于盛乐至建国三十九年（公元 376 年）拓跋代国灭亡，盛乐的确为拓跋鲜卑的主要政治中心，但这一时期的事迹与北魏王朝无关，并不能称作“北魏盛乐时期”，可称之为拓跋鲜卑盛乐时期（公元258~376年）。而从登国元年（公元 386 年）道武帝拓跋珪复国到天兴元年（公元 398 年）定都平城期间的这一段历史，拓跋珪虽然巡幸过盛乐，但并没有将盛乐作为固定的都邑，此时北魏是一个四处游弋的“行国”。所以，北魏早期的这一段历史，亦非“北魏盛乐时期”，可称作“北魏开国时期”（公元 386~398 年）。

北魏开国时期，出现了关于“云中宫”的记载。云中宫在哪里？通过本章的考据可发现，郦道元把《魏土地记》的“云中城东八十里有成乐城”、“云中宫在云中县故城东四十里”这两条记载混为一谈，想当然地得出了云中宫位于云中城与成乐城中间地带的错误观点。云中宫旧址，实际位于云中城东北“四十里”处的大黑河南岸，今天这里可见后朱堡烽戍，初步推断可能为云中宫及孝文帝北巡行宫的残存遗迹。

第三章　参合与参合陂

登国十年（公元395年），发生于参合陂东、蟠羊山南的参合陂之战，以道武帝拓跋珪对后燕太子慕容宝的突袭大捷而告结束，后燕四五万士兵与数千王公文吏武将束手就擒，慕容宝侥幸逃脱，大部分俘虏惨遭坑杀。参合陂之战，北魏以少胜多，后燕元气大伤，是北魏王朝进军中原的重要一战。

关于参合陂之战的发生地，《水经注》有记载，认为在北魏凉城郡参合县西北的参合陉。[①] 后来的学者，或支持《水经注》的说法，或提出质疑。据严耕望总结，关于北魏参合陂的地望，除《水经注》记载外，主要还有两种观点：《大清一统志》记载在西汉代郡参合县故城地区，清代学者丁谦以为是乞尔泊（今乌兰察布市黄旗海）。[②] 本篇在实地考古调查的基础上，结合相关史料记载，试探析参合陂的地望所在。

一、关于参合陂位置的辨析

《水经注·河水》记载："沃水又东，径参合县南，魏因参合陉以即名也。北俗谓之仓鹤陉。道出其中，亦谓之参合口。陉在县之西北，即《燕书》所谓太子宝自河西还师参合，三军奔溃，即是处也。魏立县以隶凉城郡，西去沃阳县故城二十里。"[③]

《水经注》提到的参合陉，为今乌兰察布市凉城县境内的石匣子

---

① ［北魏］郦道元著，陈桥驿校证：《水经注校证》卷三《河水》，中华书局，2007年，第81页。

② 严耕望：《北魏参合陂地望辨》，《唐代交通图考》第5卷《河东河北区》，上海古籍出版社，2007年，第1397—1402页。

③ ［北魏］郦道元著，陈桥驿校证：《水经注校证》卷三《河水》，中华书局，2007年，第81页。

沟[①]，是沟通岱海盆地与呼和浩特平原的一条重要的山间通道。沃水为今弓坝河，东北流注入盐池，盐池就是今天凉城县境内的岱海，《汉书·地理志》记作盐泽。[②]20世纪60年代初期，截流弓坝河形成双古城水库。双古城水库西侧有双古城古城，现已为库区淹没近三分之二，经考证为西汉雁门郡沃阳县旧址[③]，沃阳一名即来自沃水。

参合陉是一条山间通道，而参合陂是一座湖泊，二者并不能等同。《清史稿·地理志·山西》在“宁远直隶厅”条下注曰：“其北大海，古诸闻泽，周百余里。其南小海，《地理志》盐泽，古通目曰参合陂。”[④]清代的宁远直隶厅为今天凉城县建制的前身，大海即黄旗海，小海为岱海。《中国历史地图集》第四册《东晋十六国·南北朝时期》在北魏分幅图《并、肆、恒、朔等州》里，采用《清史稿》的记载，将黄旗海标作诸闻泽，将岱海标作参合陂。[⑤]

《魏书》中有“代郡之参合陂”[⑥]之说，有的学者由此出发，认为“《魏书》里用‘代郡之参合陂’的地名表述方式，其实也是暗指参合陂在当时不止有一处”[⑦]。这样的推测，回避了真正的问题。《魏书》既言“代郡之参合陂”，而据《汉书·地理志》，西汉代郡之下确实设有参合县[⑧]，于是产生了参合陂在西汉代郡参合县故

---

① 凉城县文物保护管理所编：《凉城县文物志》（内部资料），1992年，第132页。

② ［汉］班固：《汉书》卷二十八《地理志》，中华书局，1962年，第1621页。

③ 凉城县文物保护管理所编：《凉城县文物志》（内部资料），1992年，第115—122页。

④ ［民国］赵尔巽：《清史稿》卷六十《地理志·山西》，中华书局，1977年，第2043页。

⑤ 谭其骧主编：《中国历史地图集》第四册《东晋十六国·南北朝时期》，中国地图出版社，1982年，第52页。

⑥ ［北齐］魏收：《魏书》卷一《序纪》，中华书局，1974年，第5页。

⑦ 毋有江：《北魏政治地理研究》，科学出版社，2018年，第15页。

⑧ ［汉］班固：《汉书》卷二十八《地理志》，中华书局，1962年，第1622页。

城地区的论点。严耕望《北魏参合陂地望辨》一文，对《大清一统志》首倡的参合陂在汉参合故城说作了详细考证。严耕望认为，北魏早期的皇帝屡次巡幸参合陂，均为东行或东北行，而无一是西行或西北行，那么参合陂必定在平城的东向或东北方向；西汉代郡参合县故城位于平城之东约百里以上的今山西阳高县东北，《水经注》记载位于其附近的南洋河上有一座淤积湖泊，正是“参合陂”。[①]

实际上，《魏书》记述皇帝从平城出巡参合陂，用的最多的是“北巡”一词。据《魏书·食货志》记载：“天兴初，制定京邑，东至代郡，西及善无，南极阴馆，北尽参合，为畿内之田。”[②]此处“北尽参合”中的参合，指的就是参合陂所在区域，在平城京邑的北部，是京畿内、外的一个分界点，从而表明参合陂具有重要的南北分界线作用。《魏书》中有许多皇帝由平城东巡的记载，如东巡大宁、濡源等地，顺着南洋河河谷向东北而行，均未提及途经参合陂。

再看丁谦的观点。丁谦（公元1843~1919年）为近代地理史学家，清末举人，曾任象山县教谕二十多年。丁谦一生专治边疆地理、外国地理，晚年多关注西北边疆舆地研究，著述甚丰。在《魏书各外国传地理考证》一书中，丁谦认为：“参合陂，即今大同府北边墙外之乞尔泊，泊之北有伊玛图山，伊玛图译言蟠羊。考《晋书·后燕载记》及《十六国春秋》：慕容宝伐魏，军还至参合陂东，营蟠羊山南水上。可为确证。”[③]

丁谦并没有进行严格意义上的考证，只是作了简单的地名对比。

---

① 严耕望：《北魏参合陂地望辨》，《唐代交通图考》第5卷《河东河北区》，上海古籍出版社，2007年，第1397—1402页。

② ［北齐］魏收：《魏书》卷一百一十《食货志》，中华书局，1974年，第2850页。

③ ［清］丁谦：《魏书各外国传地理考证》，《二十五史三编》第5册，岳麓书社，1994年，第981—982页。

关于参合陂之战的史料，《魏书》记载最为详尽，丁谦所言的《晋书》及《十六国春秋》只是简单地提及此次战役。此外，丁谦将《晋书·慕容垂载记》误为《晋书·后燕载记》。历史上的参合陂之战，发生于参合陂东、蟠羊山南，蟠羊山与参合陂应是一东一西的位置关系，而非伊玛图山在北、乞尔泊在南。丁谦所言难与历史记载完全吻合，但他提出的这一线索是非常有价值的。

二、《魏书》记载的参合陂

《魏书·序纪》在记叙拓跋代国历史时，曾多次提到参合陂，参合陂是拓跋代国的政治中心之一。西晋元康五年（公元 295 年），“昭皇帝讳禄官立，始祖之子也。分国为三部：帝自以一部居东，在上谷北，濡源之西，东接宇文部；以文帝之长子桓皇帝讳猗㐌统一部，居代郡之参合陂北；以桓帝之弟穆皇帝讳猗卢统一部，居定襄之盛乐故城”[①]。此时的拓跋鲜卑，分为东、中、西三部，“参合陂北”为中部大人猗㐌驻牧地。

代王什翼犍在位期间，经常驻牧参合陂。建国二年（公元 339 年），“夏五月，朝诸大人于参合陂，议欲定都灅源川，连日不决，乃从太后计而止”。建国五年（公元 342 年），“夏五月，幸参合陂。秋七月七日，诸部毕集，设坛埓，讲武驰射，因以为常。八月，还云中”[②]。建国三十四年（公元 371 年），结合《魏书·太祖纪》的记载，可知拓跋珪于此年七月七日出生于参合陂北。[③]什翼犍驻牧于参合陂的时间

① ［北齐］魏收：《魏书》卷一《序纪》，中华书局，1974年，第12页。

② ［北齐］魏收：《魏书》卷一《序纪》，中华书局，1974年，第12页。

③ ［北齐］魏收：《魏书》卷一《序纪》，中华书局，1974年，第12页；《魏书》卷二《太祖纪》，中华书局，1974年，第19页。

有五月、七月。建国五年（公元 342 年）五月幸参合陂，八月回到云中（今呼和浩特平原），其间在参合陂举行了部落会盟等活动。由此可知，参合陂为什翼犍的夏宫所在地。

北魏定都平城之后，于京畿设司州，下辖代郡、上谷、广宁、雁门四郡。司州、代郡同治平城，参合陂在代郡的辖区之内，为代郡北界，所以有“代郡之参合陂”之称。道武帝拓跋珪、明元帝拓跋嗣在位期间，均曾多次巡幸参合陂。

据《魏书·太祖纪》记载，道武帝曾四次巡幸参合陂。

第一次：天兴六年（公元 403 年）秋七月，“戊子，车驾北巡，筑离宫于犲山，纵士校猎，东北逾罽岭，出参合、代谷”[①]。

第二次：天赐四年（公元 407 年），“夏五月，北巡。自参合陂东过蟠羊山，大雨，暴水流辎重数百乘，杀百余人。遂东北逾石漠，至长川，幸濡源”。

第三次：天赐四年（公元 407 年），“秋七月，车驾自濡源西幸参合陂。筑北宫垣，三旬而罢，乃还宫”。

第四次：天赐五年（公元 408 年），“春正月，行幸犲山宫，遂如参合陂，观渔于延水，至宁川”[②]。

据《魏书·太宗纪》记载，明元帝曾三次巡幸参合陂。

第一次：永兴二年（公元 410 年），“夏五月，长孙嵩等自大漠还，蠕蠕追围之于牛川。壬申，帝北伐。蠕蠕闻而遁走，车驾还幸参合陂。秋七月丁巳，立马射台于陂西，仍讲武教战”[③]。

第二次：神瑞二年（公元 415 年），“夏四月，诏将军公孙表等五将讨之。河南流民二千余家内属。众废栗斯而立刘虎，号率善王。

---

① ［北齐］魏收：《魏书》卷二《太祖纪》，中华书局，1974年，第41页。
② ［北齐］魏收：《魏书》卷二《太祖纪》，中华书局，1974年，第43页。
③ ［北齐］魏收：《魏书》卷三《太宗纪》，中华书局，1974年，第50页。

司马德宗遣使朝贡。己卯，车驾北巡。五月丁亥，次于参合东，幸大宁”[①]。

第三次：泰常八年（公元423年），“六月己亥，太尉、宜都公穆观薨。丙辰，北巡，至于参合陂，游于蟠羊山”。[②]

从《魏书》对道武帝、明元帝巡幸参合陂的记载，可以看到，自平城巡幸参合陂，均为北巡，其间经过犲山宫，犲山宫大致位于平城至参合陂的中间地段；蟠羊山位于参合陂东侧的南北向通道之上；从参合陂向东北越过石漠，可至长川、于延水，再向东可至濡源、宁川、大宁、代谷；从参合陂向北，可至牛川。

以上地名中，经前人调查与研究，有几处的地理位置可大体确定：牛川是道武帝的建国之地，在今乌兰察布市察右后旗韩勿拉河流域[③]；长川位于今乌兰察布市兴和县，是东洋河上游的一道南北向川地，东洋河即于延水[④]；濡水即今滦河，濡源指以今锡林郭勒盟金莲川草原为中心的滦河上游地区；宁川、大宁均在今河北张家口市市区及其周边一带（图3–1）。

通过对参合陂周边地名的勘定，同样可以对参合陂位置所在作出一个定位：从兴和县向西，有一道南北向的低山丘陵区，越过这道低山丘陵区，可见黄旗海（图3–2）；黄旗海与今山西大同市基本上是正南北方向，黄旗海南缘距大同市市区的直线距离约80千米；从察右后旗韩勿拉河流域向南，经灰腾梁山间通道可至黄旗海。灰腾梁

① ［北齐］魏收：《魏书》卷三《太宗纪》，中华书局，1974年，第55页。该文最后一句："五月丁亥，次于参合东，幸大宁。"应重新句读为："五月丁亥，次于参合，东幸大宁。"

② ［北齐］魏收：《魏书》卷三《太宗纪》，中华书局，1974年，第63页。

③ 李逸友：《中国北方长城考述》，《内蒙古文物考古》2001年第1期。

④ 常谦：《北魏长川古城遗址考略》，《内蒙古文物考古》1998年第1期。

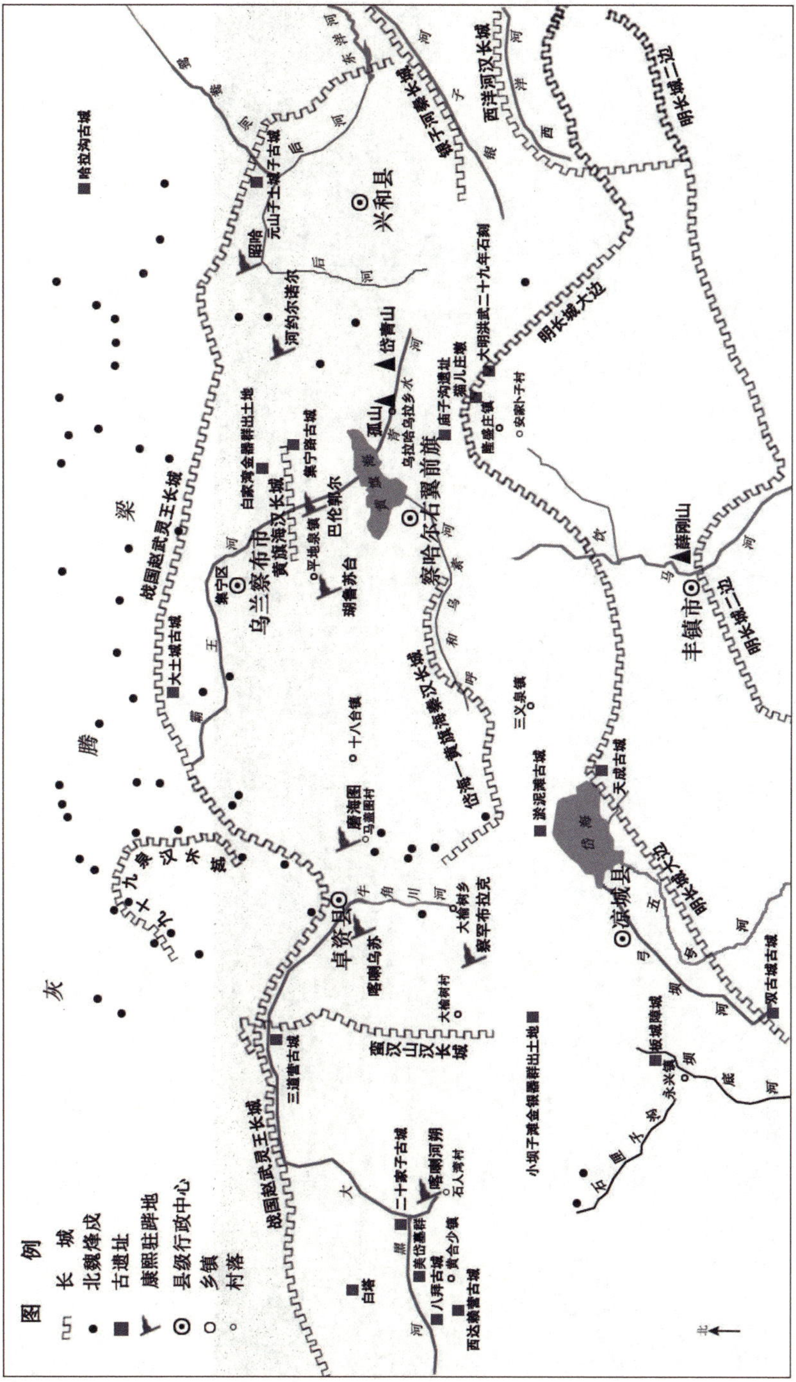

图 3-1　黄旗海、岱海及周边遗迹分布示意图

图 3-2　2015 年春季黄旗海远眺，仅存一线水域（西南—东北）

在北魏时期名为武要北原，武要北原之上有九十九泉，道武帝、明元帝均曾巡幸九十九泉。[①]学界对道武帝、明元帝巡幸地地名的考证，均将参合陂指向了黄旗海，位于黄旗海东北与兴和县西部之间的南北向低山丘陵区应即《魏书》记载的石漠。这道低山丘陵区山色发黑，乱石丛生，因而得“石漠”之名；山中生长的稀疏、低矮牧草，尤其适合羊的口味，清代为察哈尔部正黄旗羊群牧场。

三、参合陂之战

参合陂之战在《魏书·太祖纪》《魏书·徒何慕容廆传》中均有记载。《魏书·太祖纪》重在记述战争的具体发生日期[②]，《魏书·徒何慕容廆传》对战争过程的描述较为详细[③]。后燕太子慕容宝攻打北魏，兵至五原（在今包头市九原区南海子黄河渡口一带），拓跋珪退守至黄河以南，因河防御。后燕军队一时难以渡河，双方僵持数月之久，拓跋珪诡言后燕皇帝慕容垂已死，扰乱慕容宝军心，慕容宝亦困于粮草不济，被迫退兵而去。拓跋珪乘后燕退兵之际，率领二万精骑连夜追赶，趁其不备，在参合陂夜袭后燕军，大获全胜。

参合陂之战发生于参合陂东、蟠羊山南水上。经实地调查，位于今乌兰察布市察右前旗乌拉哈乌拉乡乡政府东侧约1000米处的孤山，应该就是《魏书》记载的蟠羊山。孤山，蒙古语名为“乌拉哈乌拉”，意为“像靴子底一样的山”，乌拉哈乌拉乡即来自山名。孤山的确

---

① ［北齐］魏收：《魏书》卷二《太祖纪》，中华书局，1974年，第43页；［北齐］魏收：《魏书》卷三《太宗纪》，中华书局，1974年，第56页。

② ［北齐］魏收：《魏书》卷二《太祖纪》，中华书局，1974年，第26页。

③ ［北齐］魏收：《魏书》卷九十五《列传第八十三》，中华书局，1974年，第2067—2068页。

形似靴子底，西端最高，向东逐渐倾斜。孤山西临黄旗海，向东远望岱青山，与岱青山之间形成一条南北向通道。孤山之上分布有汉代当路塞长城墙体和烽燧，属于西汉雁门郡东部都尉所辖长城防线的最东端，东部都尉所辖塞道亦当经由孤山东侧呈南北走向（图 3–3）。孤山山前为一片广阔的平川地，当地人俗称作万亩滩，提供了适合大规模作战的场地。万亩滩之上，有自东南向西北而流的青水河，注入黄旗海。《魏书》所言“蟠羊山南水上”[①]的水，指的就是青水河（图 3–4）。

图 3–3　孤山汉代当路塞东侧山脊墙体（西南—东北）

① ［北齐］魏收：《魏书》卷九十五《列传第八十三》，中华书局，1974年，第2067页。

图 3-4 孤山及山前的青水河河谷（东南—西北）

《魏书·太祖纪》详细记述了北魏追击后燕军队的具体日期："冬十月辛未，宝烧船夜遁。十一月己卯，帝进军济河。乙酉夕，至参合陂。丙戌，大破之。"[①] 慕容宝的退兵速度较慢，从五原走到参合陂用了近半月时间；而拓跋珪的军队从渡黄河到追至参合陂，前后总共用了 7 天时间。拓跋珪的军队是如何从今包头市市区一带追至黄旗海的呢？从包头市市区至今呼和浩特市市区，沿着阴山南麓直接向东而行；而自呼和浩特市市区至黄旗海，在古代通行大队人马，需经今呼和浩特市赛罕区黄合少镇石人湾村、今乌兰察布市卓资县大榆树乡大榆树村，至蛮汉山北麓折向北行，经大黑河支流牛角川河南北一线，至卓资县卓资山镇附近，再向东北经灰腾梁南梁之下的哈达图谷地，

① ［北齐］魏收：《魏书》卷二《太祖纪》，中华书局，1974年，第26页。

或者直接向东经卓资县马盖图村，抵达黄旗海北岸。从卓资山镇至黄旗海北岸，哈达图谷地更容易通行，战国时代的赵武灵王长城即穿行于这条谷地之中，但比走马盖图村东西一线大约会多出一舍（三十里）的距离。从呼和浩特市市区至黄旗海的这一条线路，是一条古代的传统驿道，清代史料记载较为明确，属于张家口驿站的西段驿道，在黄旗海以西直接走的是马盖图村东西一线。康熙三十五年（公元1696年），康熙皇帝第二次亲征噶尔丹，曾自东向西走过这条驿道。[①]

拓跋代国时期，什翼犍带领大队人马往来于云中与参合陂之间，走的就是清代张家口驿站西段驿道，所以拓跋珪对这条道路是非常熟悉的。从包头市九原区南海子黄河渡口一带至黄旗海，总的驿程距离约350千米。古代驿道相邻马站之间的距离，多在30~40千米。对于长途远征的后燕军队来说，粮草不济是一个大问题，所以慕容宝缓缓退兵，沿途须靠狩猎接济军粮；在今卓资山镇以东，慕容宝可能走的还是宽敞的哈达图谷地。抵达参合陂东、蟠羊山南，后燕军队用了近半月之久，每天行进25千米左右。而北魏2万人的骑兵部队渡黄河大约需要1天时间，过黄河后追至黄旗海只用了6天时间，每天的行军速度近60千米，与《魏书·徒何慕容廆传》“急追之，晨夜兼行”[②]的记载亦相符合。追至黄旗海后的第二天凌晨，北魏军队对驻扎于参合陂东、蟠羊山南的后燕军队发动了突袭。

后燕的都城中山在今河北定州市，从中山北上出兵北魏，需穿越太行山，向西过太行山可先至平城，向北过太行山可先至大宁。慕容宝退兵参合陂，意欲经大宁返回中山；从黄旗海东南方向向东，

① 关于张家口驿站在今呼和浩特市至黄旗海之间的驿道走向，参见张文平、袁永明主编：《辉腾锡勒草原访古》，文物出版社，2017年，第200—205页。

② ［北齐］魏收：《魏书》卷九十五《列传第八十三》，中华书局，1974年，第2067页。

经今乌兰察布市兴和县南部，可进入洋河上游支流西洋河谷地，从西洋河谷地向东直通张家口市所在的洋河谷地。参合陂之战后的第二年，后燕皇帝慕容垂率军欲向拓跋珪复仇，在太行山之中开辟新的通道，向西攻克平城，杀死平城守将拓跋虔；然后，慕容垂又从平城北上参合陂，吊祭在参合陂之战中死难的后燕将士。据《晋书·慕容垂载记》记载："垂至参合，见往年战处积骸如山，设吊祭之礼，死者父兄一时号哭，军中皆恸。垂惭愤欧血，因而寝疾，乘马舆而进，过平城北三十里疾笃，筑燕昌城而还。"[①] 慕容垂到了参合陂，看到后燕败军遗骨后，气急病重，只好退兵平城，在平城北修筑了一座临时屯驻的燕昌城。

殷宪通过实地调查，考订燕昌城为今山西大同市新荣区下甘沟古城，并根据慕容垂由参合陂至燕昌城的由北向南退兵线路，推测参合陂可能就是黄旗海。[②] 下甘沟古城位于由平城向北的西线驿道之上，扼守着由今丰镇市南下大同盆地的第一道山前隘口。慕容垂应该是经由平城北上的东线驿道抵达参合陂，在参合陂凭吊一番之后，又向西走了一段路程，最后坚持不住，无奈南返平城，因而走的是南下平城的西线驿道。殷宪论述参合陂为黄旗海，认为参合陂的得名与西汉代郡参合县有关。西汉代郡参合县位于今山西白登河流域，有人考证其旧址在今山西阳高县大白登镇一带。[③] 黄旗海距离西汉代郡参合县很远，而且在西汉时期黄旗海属于雁门郡辖区，与代郡并无关联。

① ［唐］房玄龄：《晋书》卷一百二十三《载记第二十三》，中华书局，1974年，第3090页。

② 殷宪：《"燕帝富贵"瓦当考》，殷宪、殷亦玄著：《北魏平城书迹研究》，商务印书馆，2016年。

③ 杨仁举：《战国至北朝时期张家口地区城市的发展与变迁》，北京大学硕士学位论文，2007年，第7页。

由于无法解释黄旗海与西汉代郡参合县的关系，殷宪对黄旗海为参合陂的推测只好一笔带过，未能予以深入论述。

参合一名，在《汉书》中，除了《汉书·地理志》记载的西汉代郡参合县[①]，还有一个“汉匈参合之战”的参合。据《汉书·魏豹田儋韩王信传》记载，汉高祖十一年（公元前196年）春天，投降匈奴的韩王信带领匈奴人入居参合，西汉将军柴武斩杀韩王信于参合。[②]此时，西汉王朝初建，代郡参合县是否设立尚不可知。西汉代郡属县参合与柴武斩韩王信的参合，可能不是同一个地方。古语中，“叁”亦作“参”，所以“参合”亦可作“叁合”。黄旗海东、南、西三面环山，北面是较为开阔的平原，形成了地理学上的黄旗海盆地。盆地平面大略呈长方形，南北长约50千米，东西宽约25千米。整个盆地北高南低，黄旗海的水域范围集中在盆地南部。今天的黄旗海，水位大幅度退缩，水域范围大体呈三角形状，东西最长约16千米，南北最宽约6.5千米。历史上，黄旗海水域的南北最大范围，可与今天的东西范围相当。

战国晚期以来，阴山以南地区开始纳入赵、秦等诸侯国的领土之中，见诸史籍记载，今天的包头平原名为九原，今天的鄂尔多斯高原北部的东流黄河南岸平原名为榆中，今天的呼和浩特平原名为云中。那么，处于赵武灵王长城内侧的黄旗海盆地，应名为叁合，黄旗海或作叁合泽。叁合一词的具体含义已无从考证，极有可能为匈奴语译音。至魏晋北朝时期，叁合一名仍存，黄旗海因位于叁合之地而名为叁合陂；“陂”作为地名，源于楚语，西晋北朝时期开始在北方地区

① ［汉］班固：《汉书》卷二十八《地理志》，中华书局，1962年，第1622页。

② ［汉］班固：《汉书》卷三十三《魏豹田儋韩王信传》，中华书局，1962年，第1855页。

使用，指“湖泊”等水域。[①]同时，“参合陂北”成为一个专用地名，指黄旗海盆地北部区域。

这样，汉匈参合之战的“叁合”、燕魏参合陂之战的“叁合”，与西汉代郡参合县、北魏凉城郡参合县划清了界限。《水经注》记载的北魏凉城郡参合县，在《魏书·地形志》中置于东魏天平二年（公元535年）所建梁城郡之下，并将其历史沿革追溯至西汉代郡参合县。[②]《水经注》中提到参合陉时，又说“北俗谓之仓鹤陉”[③]，将“参合”视为“仓鹤”的音转。汉魏时期，异地同名、地名的迁移、貌似汉语的汉译北族地名等现象十分普遍，后人的注释又多将其混淆，对其进行重新辨识十分必要。

四、代魏时期参合陂地理界限意义的变化

西晋时期，拓跋鲜卑三分，猗㐌统一部“居代郡之参合陂北”。一个“北”字，表明参合陂东西横亘，具有南北分界线的作用。西晋王朝没有修筑长城，与拓跋鲜卑以参合陂东西一线为界。拓跋代国时期，参合陂为夏都，西通云中，东联濡源，北达牛川，向南可觊觎大同盆地，地理位置十分重要。

北魏定都平城之后，在京畿设司州，下辖代、雁门、广宁、上谷四郡，参合陂所在的黄旗海盆地为代郡北界。“北尽参合”，意为黄旗海盆地还属于“畿内之田”，到了灰腾梁才属于京畿之外。参合及参合陂以南，北魏推行的是州郡管理制度；北出参合，北魏推行的是以六镇为代表

① 邵则遂、王薇：《论表“水域”义的古楚地名“陂”》，《长江学术》2012年第2期。

② ［北齐］魏收：《魏书》卷一百六《地形志》，中华书局，1974年，第2497页。

③ ［北魏］郦道元著，陈桥驿校证：《水经注校证》卷三《河水》，中华书局，2007年，第81页。

的军镇管理体系。

道武帝、明元帝时期，参合陂是柔然南侵北魏的主攻区域。据《魏书·蠕蠕传》记载，天兴五年（公元402年），“社仑闻太祖征姚兴，遂犯塞，入参合陂，南至犲山及善无北泽”[①]。当时，柔然政权初建，从参合陂经犲山向南即是平城，与西汉初年匈奴的攻击路线如出一辙。为了保卫平城，北魏王朝在参合陂东西一线不断加强防御力量。据《魏书·太宗纪》记载，泰常八年（公元423年）“二月戊辰，筑长城于长川之南，起自赤城，西至五原，延袤二千余里，备置戍卫”[②]。经考证，北魏于长川之南修筑了一座名为长城的军事性城堡（今乌兰察布市兴和县元山子土城子古城），在东起赤城（在今河北赤城县县城）、西至五原的阴山南麓构筑了一系列戍城。

在北魏不断派兵反击并加强对参合陂地区的防御之后，柔然的主攻区域西移了。太武帝拓跋焘即位不久，便发生了柔然攻陷盛乐宫的大事。据《魏书·世祖纪》记载，始光元年（公元424年）“八月，蠕蠕率六万骑入云中，杀掠吏民，攻陷盛乐宫。赭阳子尉普文率轻骑讨之，虏乃退走。诏平阳王长孙翰等击蠕蠕别帅，破之，杀数千人，获马万余匹”[③]。自此之后，北魏皇帝将其夏天的巡幸地选择在盛乐及其以北的阴山之中，以巡幸阴山为常事，以至形成了固定的“阴山却霜”之俗。

从公元5世纪30年代开始，北魏王朝在阴山南北设置军镇，管理归降的高车部落，并防御柔然。从参合陂向北越过灰腾梁，北魏在建国之地牛川设置了柔玄镇（今乌兰察布市察右后旗克里孟古

① ［北齐］魏收：《魏书》卷一百三《列传第九十一》，中华书局，1974年，第2291页。

② ［北齐］魏收：《魏书》卷三《太宗纪》，中华书局，1974年，第63页。

③ ［北齐］魏收：《魏书》卷三《世祖纪》，中华书局，1974年，第69—70页。

城），在长川之北设置了怀荒镇（今河北张家口市尚义县哈拉沟古城），均主要起到保卫平城的作用。配合以六镇为代表的北疆镇戍体系，太平真君七年至九年（公元446~448年），北魏修筑了畿上塞围。据《魏书·世祖纪》记载，太武帝拓跋焘于太平真君七年（446年）六月，“丙戌，发司、幽、定、冀四州十万人筑畿上塞围，起上谷，西至于河，广袤皆千里”。九年二月，“罢塞围作”。[①] 参合既为平城京畿北界，那么在参合外围修筑的军事防御设施理所当然属于“畿上塞围”的组成部分。在灰腾梁等山地之上，调查发现了系列北魏烽戍，多修筑于山体的制高点之上，相互间多可两两相望，但距离较远，从几千米到数十千米不等。这些烽戍，部分可能属于“畿上塞围”亭候遗迹，构成镇城、戍城之下最基层的军事单位（图 3–5）。

图 3–5　乌兰察布市察右中旗常胜沟烽戍（北—南）

① ［北齐］魏收：《魏书》卷四《世祖纪》，中华书局，1974年，第101—102页。

自太武帝拓跋焘及之后历代的北魏皇帝，《魏书》中再不见巡幸参合陂的记载。拓跋焘以后的北魏皇帝巡幸阴山，也不走参合陂道路，而是自平城西行，至苍头河后由南向北而上，由后来明长城二边上的杀虎口进入今天的内蒙古地区。顺着苍头河进入今呼和浩特市和林格尔县之后，苍头河汇入浑河，再顺着浑河西北行，有坝底河汇入浑河，在坝底河汇入浑河河口处转向，顺着坝底河东北行，至今乌兰察布市凉城县永兴镇附近，再向西北进入石匣子沟，最后抵达呼和浩特平原，石匣子沟即为北魏参合陉。太和十八年（公元 494 年），孝文帝北巡，郦道元以尚书郎的身份随行，途经参合陉。《水经注》将参合陂之战发生地误植于参合陉，毕竟郦道元途经参合陉时，距离参合陂之战已整整一个世纪之久。

孝文帝出参合陉抵达朔州（今呼和浩特市托克托县古城村古城），又越过阴山，巡视重镇怀朔（今包头市固阳县白灵淖城圐圙古城）。最后，从怀朔一路向东，经由武川（今包头市达尔罕茂明安联合旗希拉穆仁城圐圙古城）、抚冥（今乌兰察布市四子王旗乌兰花土城子古城）、柔玄（今乌兰察布市察右后旗克里孟古城）三镇返回平城。[①] 从柔玄镇到平城，须通过灰腾梁、黄旗海，这条路线与北魏初年道武帝、明元帝自平城北巡牛川的路线大体契合。但《魏书》对孝文帝从柔玄镇“南还”平城之间的行程，未提及参合陂、犲山宫，而是先后“车驾次旋鸿池”、“谒永固陵”[②]。这也从另一个侧面表明，当时的参合陂对北魏来说已经无关紧要了。《水经注》称黄旗海为南池，“池方五十里，

---

① 六镇具体治城考证，参见内蒙古自治区文化厅（文物局）、内蒙古自治区文物考古研究所编著：《内蒙古自治区长城资源调查报告·北魏长城卷》，文物出版社，2014年，第96—106页。

② ［北齐］魏收：《魏书》卷七《高祖纪》，中华书局，1974年，第174页。

俗名乞伏袁池。虽隔越山阜，鸟道不远，云霞之间常有”[①]。起码在太和十八年（公元 494 年），黄旗海已失去参合陂之名，在《水经注》中呈现的完全是一幅化外之地的景象。

五、容易混淆的岱海

岱海四面环山，形成了一个较为独立的小盆地，尤其是南、西、北三侧的蛮汉山山势高峻，地形环境较为封闭。古代，位于岱海盆地中部的岱海水量大时，会漫溢至南、北两侧山麓地带，所以岱海本身也会对岱海盆地的东、西两部分形成一个分隔。历史上经过岱海盆地的驿道，往往不是东西向横穿岱海盆地，而是选择于盆地东、西两侧通行。

北魏时期，岱海东邻参合陂、犲山，西北有参合陉，除《水经注》对其有详细记载外,《魏书》中也曾两次提到,分别称作“善无北陂”、“善无北泽”。善无为汉代旧县，位于今山西右玉县右卫镇，西邻苍头河，至岱海西缘的驿程距离在 60 千米左右。汉代，岱海盆地东部一直归属雁门郡管辖，而其西部行政建制的变迁则与善无县密切相关。善无县在西汉为雁门郡郡治，东汉改为定襄郡郡治，岱海盆地西部亦先后归属雁门郡、定襄郡管辖。北魏早期，善无归属雁门郡，岱海盆地西部亦属雁门郡，岱海即为善无北陂（泽），岱海盆地东部则与参合陂同为代郡辖区。皇始元年（公元 396 年）春正月，道武帝拓跋珪“大蒐于定襄之虎山，因东幸善无北陂”[②]。定襄之虎山可能指今呼和浩特市和林格尔县境内的摩天岭，与岱海是一西一东的并列关系。

---

① ［北魏］郦道元著，陈桥驿校证：《水经注校证》卷三《河水》，中华书局，2007年，第312页。

② ［北齐］魏收：《魏书》卷二《太祖纪》，中华书局，1974年，第27页。

天兴五年（公元 402 年），柔然南侵，突破参合陂防线后，抵达犲山，向西进入善无北泽。[①]太和八年（公元 484 年），《魏书·食货志》提到司州有六郡，除早期四郡外，又加灵丘、平凉二郡。[②]这里的平凉郡，为《水经注》记载的凉城郡、《魏书·地形志》记载的梁城郡的前身，下辖参合、旋鸿二县。此时，善无北陂、旋鸿池与犲山均改属平凉郡管辖，善无北陂西侧设参合县，旋鸿池旁侧设旋鸿县，而参合陂则被划入畿外之地。

金代元光二年（公元 1223 年），长春真人丘处机从中亚归来，先后住宿于渔阳关（今呼和浩特市回民区焦赞坟遗址）、丰州（今呼和浩特市赛罕区白塔古城）、下水、云中（在今山西大同市）等地。[③]下水即岱海，《元史》记作夏水。[④]丘处机从丰州经下水至云中，首先走的还是张家口驿站的西段驿道，行至今卓资县大榆树乡东南一带，通过蛮汉山东部山间通道索代沟（似为“杀鞑子沟”一名的转写）进入岱海盆地东北部，依次经今凉城县麦胡图镇、天成乡进入丰镇市，再走北魏平城至犲山宫的西线驿道抵达云中，总的驿程距离约 185 千米。从丰州至下水，丘处机走了三天；从下水至云中，丘处机走了两天。五天走约 185 千米，丘处机每天的驿程在 37 千米左右。考古调查资料显示，在岱海东南有天成古城，位于凉城县天成乡大古城村西南，地表散布大量汉代及辽金时期遗物，但城垣遗迹仅小段尚模糊可辨，推

---

① ［北齐］魏收：《魏书》卷一百三《列传第九十一》，中华书局，1974年，第2291页。

② ［北齐］魏收：《魏书》卷一百一十《食货志》，中华书局，1974年，第2852—2853页。

③ 杨建新主编：《古西行记选注》，宁夏人民出版社，1987年，第226页。

④ ［明］宋濂：《元史》卷四《世祖本纪》，中华书局，1976年，第75页。

断为汉代雁门郡属邑，辽金时期有沿用。[①] 该城址的位置，处于丘处机从丰州至云中的驿道之上，而且大体是至丰州三天、至云中两天的驿程，极有可能为丘处机所宿下水。

如果按照《中国历史地图集》的说法，将岱海认为是参合陂，从包头市九原区南海子黄河渡口一带至岱海东南，总的驿程距离约 275 千米，如此则拓跋珪追击慕容宝的行军速度每天仅为 46 千米左右，比丘处机一行的 37 千米左右稍多一些，根本体现不了急行军的速度。再者，后燕慕容宝从五原退兵，不准备途经平城返回中山，而是选择途经大宁返回中山，所以没有走岱海盆地东部的驿道。登国十一年（公元 396 年），慕容垂亲征拓跋珪，从参合陂向西可能行至今卓资县大榆树乡附近一带，病重难以继续支撑，选择向东南穿过蛮汉山山间通道索代沟，经岱海盆地东部返至平城附近。至于到太武帝拓跋焘以来的北魏皇帝“阴山却霜”之行，选择自平城西行，经今天的杀虎口、岱海盆地西部一线至盛乐地区，距离要比走参合陂近一些，但与走岱海盆地东部的距离差不多，可能最主要考虑的是途经地绝大部分位于京畿之内，相对要安全一些。

参阅近年来的气象数据，岱海盆地夏天的气温与呼和浩特平原相差不多，7 月平均气温均在 24~25℃，而黄旗海盆地由于其北侧的灰腾梁较为平缓，7 月平均气温最高只能达到 20℃。所以，拓跋代国绝无可能选择岱海盆地作为夏宫，而黄旗海盆地显然更适合避暑。2014 年，乌兰察布市获得了中国气象学会授予的“中国草原避暑之都”的称号，与黄旗海盆地夏天的多风而凉爽有着直接关联。今天的凉城县一名，采用了《水经注》记载的凉城郡，但这里的“凉”与气温无关，

---

① 内蒙古文物工作队编：《内蒙古文物资料选辑》，内蒙古人民出版社，1964年，第81—82页。

而是源自“平凉郡”的“凉”，是北魏灭北凉之后所设之郡。

岱海是一个淡水湖，但至晚从汉代开始，当地人已开始利用湖水制作土盐，所以有盐泽、盐池之称。直至清代，岱海地区居民仍利用湖滩的自然盐碱土，采用淋土法制盐。[①]中华人民共和国成立之后，鉴于这里出产的土盐质量低劣，才予以取缔。盐作为古代一项重要的战略资源，岱海的制盐业对于迁至盛乐的拓跋鲜卑及之后的北魏王朝，应当是较为重要的。

岱海位于黄旗海的西南方向，两座湖泊之间的直线距离不到 50 千米。由于距离较近，汉籍史料往往容易将两座湖泊混淆。清代称黄旗海为大海，岱海为小海；虽然岱海的水域面积大于黄旗海，但黄旗海长条形的湖型，在直观上显得比岱海的圆形湖型要大一些。当地蒙古部落称岱海为岱嘎淖尔（dagha naghur），意为“二岁马驹湖泊”。“二岁马驹湖泊”的命名，形象地体现了两岁的马驹跟随母亲马的情景，而“母亲马湖泊”则指向了黄旗海。

六、小结

一般来说，阴山山脉是一个重要的分界线，历史上的农耕民族和游牧民族往往依阴山为界。战国秦汉时期，中原王朝修筑的长城，大多依托阴山山脉分布。但这是从大的方面所作的观察，局部上，长城有时也会依托其他天险，如河流、湖泊等，而黄旗海正是这样的一片天然水域。

一方面，作为水域，黄旗海的阻隔性弱于绵延高峻的大山，所以在北方游牧民族势力强盛的时期，首选这一区域作为进军中原的突破

① 方伯楷：《晋北盐务概况及整理蒙土盐刍议》，《盐政杂志》1933年第57期。

口。另一方面，作为一座山间湖泊，黄旗海东、西两侧与山地之间的间隙，成为沟通南北的通道。在农牧对抗时期，黄旗海是双方冲突的焦点；在农牧和平共处时期，黄旗海又成为双方交流的节点。在古代，黄旗海与今山西大同市之间的联系非常紧密，黄旗海往往扮演大同北塞的角色。

魏晋时期，拓跋鲜卑三部自东向西驻牧于今天河北张家口市北部的张北高原至内蒙古锡林郭勒盟南部的金莲川草原一带、黄旗海盆地、呼和浩特平原，与中原王朝既处于对抗状态，又保持着较为密切的联系，吸纳大量中原士人为其所用，受汉地文明习染日深。作为五胡十六国之外的第十七国，拓跋代国利用地缘优势，不断发展壮大，后来代国虽为前秦所灭，但其在北方游牧部族中积累的强大政治底蕴支持了拓跋珪的复国。

北魏与后燕的参合陂之战，选择于黄旗海东、孤山之南的万亩滩展开，绝非偶然。首先，拓跋珪在追击后燕军队的过程中，清楚后燕军队如果退到黄旗海以东、以南，北魏就彻底失去了与之决战的地利，所以“急追之，晨夜兼行”；其次，拓跋珪出生于“参合陂北”，代国灭国之后又长期避居七介山，对于黄旗海及其南北一线的地形环境非常熟悉，知道孤山之南的万亩滩是一个绝佳的战场，也是北魏能够把握有利战机的最后一个地方了。运气最终站在了拓跋珪一方，北魏军队在有限的追击时间内，于能够把握最后机会的战场上，给予后燕军队致命一击。

通过参合陂之战，北魏消灭了后燕的有生力量，打通了从呼和浩特平原经黄旗海至大同盆地的通道，于天兴元年（公元 398 年）定都平城，实现了拓跋鲜卑长期以来问鼎中原的梦想。正是从这个意义上讲，参合陂之战是北魏进军中原的决定性一战。

第四章　七介山、犲山与代园山

天兴元年（公元 398 年），北魏王朝定都平城，开始了从游牧部落“行国”向定居农耕政权的转变。在京师平城设司州，下辖代郡、上谷、广宁、雁门四郡，采用中原传统的州郡制管理农业人口。据《魏书·食货志》记载：“天兴初，制定京邑，东至代郡，西及善无，南极阴馆，北尽参合，为畿内之田。”[①] 天兴为道武帝拓跋珪建都平城之后的第一个年号，这一则史料中讲到的“畿内之田”，即为司州的管辖范围。其中，“北尽参合”中的参合，即为上一章考证的参合陂所在的黄旗海盆地。

参合之内，为今乌兰察布市下辖丰镇市所在区域，位于黄旗海盆地之南，南与今山西大同市以明长城为界，在北魏平城时代毫无疑问属于京畿重地。对于这样的一个区域，北魏时期有着怎样的一段历史呢？考证《魏书》《水经注》等史籍中与丰镇地区相关的一些历史地名，或可从中发现若干线索（图 4–1）。

一、拓跋珪早年行迹

拓跋代国时期，参合陂一直是拓跋鲜卑一个很重要的驻牧地，什翼犍往往将参合陂作为夏宫所在，秋天回到云中，于是有了建国三十四年（公元 371 年）七月七日拓跋珪在参合陂北的诞生，“以建国三十四年七月七日，生太祖于参合陂北，其夜复有光明”[②]。

建国三十九年（公元 376 年），前秦进攻代国，什翼犍带着孙子拓跋珪一干人等逃往阴山以北。在阴山以北的漠南草原，什翼犍又遭到高车部落的打击，被迫退回阴山之南。后来，拓跋珪与母亲贺氏

---

① ［北齐］魏收：《魏书》卷一百一十《食货志》，中华书局，1974年，第2850页。

② ［北齐］魏收：《魏书》卷二《太祖纪》，中华书局，1974年，第19页。

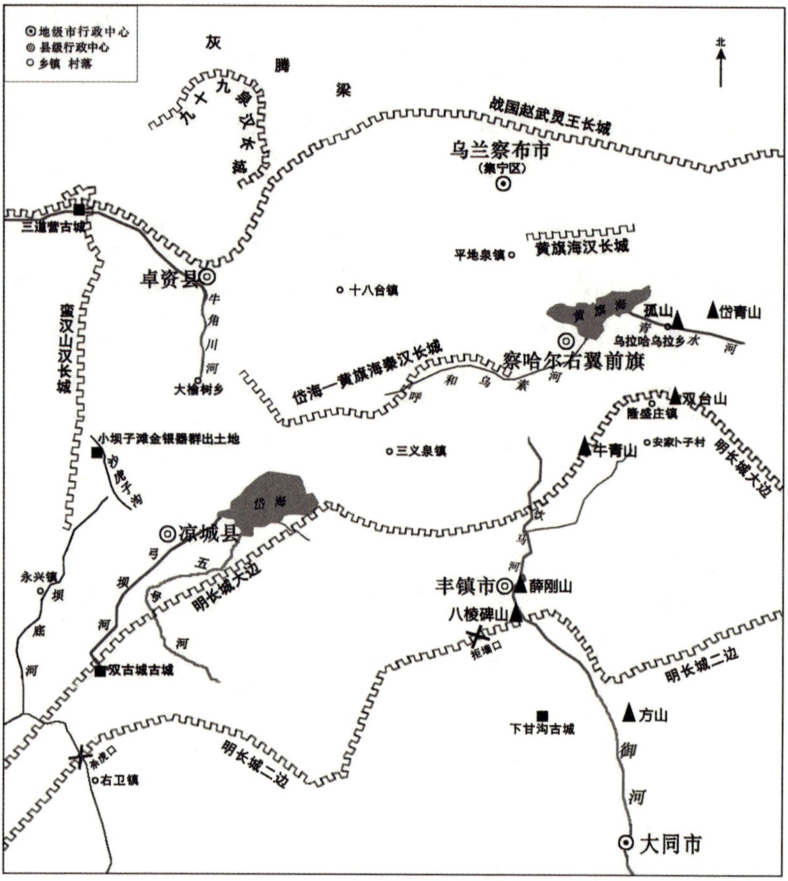

图 4–1　丰镇市及周边区域相关遗存分布示意图

依附于独孤部。据《魏书·献明皇后贺氏传》记载："苻洛之内侮也，后与太祖及故臣吏避难北徙。俄而，高车奄来抄掠，后乘车与太祖避贼而南。中路失辖，后惧，仰天而告曰：'国家胤胄，岂止尔绝灭也！惟神灵扶助。'遂驰，轮正不倾。行百余里，至七介山南而得免难。"[①] 这里的太祖，即指拓跋珪。提到的七介山，初步推断为今丰镇市南

① ［北齐］魏收：《魏书》卷十三《皇后列传》，中华书局，1974年，第324页。

部小黄土沟村西侧的八棱碑山（图 4–2）。[①] 八棱碑山东南紧邻明长城得胜口，是明代以来由大同地区通往丰镇地区的一处重要关隘。

图 4–2　八棱碑山远景（东南—西北）

代国灭亡后，前秦委派独孤部大人刘库仁统领原代国黄河以东地区。到前秦太安元年（公元 385 年），《魏书》再次提到拓跋珪时，拓跋珪母子仍然依附于独孤部，居住在七介山。据《魏书・奚牧传》记载："奚牧，代人也，重厚有智谋。太祖宠遇之，称之曰仲兄。初，刘显谋害太祖，梁眷知其谋，潜使牧与穆崇至七介山以告，语在《崇传》。"[②] 这一年，新即位的独孤部大人刘显阴谋陷害拓跋珪，幸得奚牧、

① 七介山在《北史》的相关记载中写作七个山，有的学者将其理解为七座山头之意。《北史》中的七个山属于误写，七介山应为鲜卑语的汉语音译名词，具体含义尚难考证。

② [北齐] 魏收:《魏书》卷二十八《列传第十六》，中华书局，1974年，第682页。

穆崇二人暗中到七介山告知，拓跋珪在众人的掩护下，北逃至贺兰部，躲过一劫。这也从另一个角度表明，从代国灭亡至太安元年之间，拓跋珪与母亲贺氏一直生活在七介山一带。[①]

七介山是京师平城北边的门户，地位相当于明代大同镇的得胜口。据《魏书·世祖纪》记载，太武帝拓跋焘太延五年（公元439年）九月，柔然趁太武帝西伐北凉、平城空虚之机“犯塞，遂至七介山，京师大骇。皇太子命上党王长孙道生等拒之”[②]。从今大同市市区至八棱碑山，沿着御河北上，驿程距离在40千米左右。所以，柔然兵至七介山，引起了京师的恐慌。

二、开国时期的丰镇地区

登国元年（公元386年）正月，拓跋珪在舅部贺兰部的支持下，于牛川复国。牛川为贺兰部的驻牧地中心所在，称作牛都，位置为今乌兰察布市察右后旗韩勿拉河流域。此前一年拓跋珪从七介山逃至牛川，大体走的是一条南北向的通道，途经黄旗海、灰腾梁。

从牛川复国至定都平城，拓跋珪领导的是一个游牧“行国”，在燕山—阴山东西一线四处征伐，居无定所。登国十年（公元395年），拓跋珪在参合陂大败后燕太子慕容宝，即参合陂之战。次年，后燕皇帝慕容垂率军欲向拓跋珪复仇，攻克平城之后，北上参合陂，吊祭在参合陂之战中死难的后燕将士。慕容垂看到后燕败军遗骨后，气急病重，只好退兵平城，在平城之北修筑了一座临时屯驻的燕昌城。

---

① 拓跋代国亡国之后，有的学者考证拓跋珪有“罪徙蜀地”、“再迁长安”等经历，实际上并无确切的史料证据，本文不予采信。具体参见李凭著：《北魏平城时代》（第三版），上海古籍出版社，2014年，第17—35页。

② ［北齐］魏收：《魏书》卷四《世祖纪》，中华书局，1974年，第90页。

大同地方学者殷宪通过实地调查，考订燕昌城为今山西大同市新荣区下甘沟古城。[①]

从大同地区到丰镇地区，有东、西两条通道。东道即沿着御河而行的驿道，御河到丰镇市境内称作饮马河，在北魏时期名为如浑水，是皇帝北巡的专用驿道。西道途经拒墙口，亦为明长城上的重要关口，下甘沟古城在拒墙口之南约 20 千米处。由此可见，慕容垂是从平城出发，由东道经七介山以东北上参合陂，又从西道返至燕昌城。

三、平城时代的丰镇地区

天兴元年（公元 398 年）正月，道武帝拓跋珪行幸邺城（在今河北邯郸市临漳县），有定都于此之意；二月行幸繁畤宫（在今山西大同市浑源县），六月于此定国号为魏；七月，从繁畤宫迁都平城。[②] 拓跋珪没有选择邺城或者繁畤宫作为都城，最终选择了平城，与明王朝选择北京作为都城一样，有“天子守边”的意思在内。此外，拓跋珪在平城之北的七介山一带生活了近 10 年之久，他对这一地区的个人感情，也是需要考虑的一个因素。

道武帝拓跋珪至明元帝拓跋嗣在位时期，也就是平城时代早期（公元 398~423 年），黄旗海盆地及其以南的丰镇地区归属司州代郡管辖，《魏书》中有“代郡之参合陂”之称。[③] 从黄旗海盆地向北出京畿，西北方向为阴山山脉东段灰腾梁，东北方向逐步进入燕山山脉和坝上草原，均属“畿上”之地。在这些地区，活动的依然为北魏王朝

---

① 殷宪：《“燕帝富贵”瓦当考》，殷宪、殷亦玄著：《北魏平城书迹研究》，商务印书馆，2016年。

② ［北齐］魏收：《魏书》卷二《太祖纪》，中华书局，1974年，第31—32页。

③ ［北齐］魏收：《魏书》卷一《序纪》，中华书局，1974年，第5页。

管辖下的游牧部落。从“畿上”再向北，则是众多高车部落和新兴的柔然政权。

平城时代早期，北方地区重点经略的是参合陂以北的“畿上”之地，巡视治下的游牧部落，招讨高车，防御柔然。其中，柔然对平城的威胁最大，天兴五年（公元402年），柔然可汗社仑趁拓跋珪征伐后秦之机，带兵入侵参合陂，兵锋直抵犲山，向西进入善无北泽。[①]次年，拓跋珪在犲山修筑了离宫犲山宫。考察北魏皇帝北巡驿道，由得胜口进入丰镇地区之后，在八棱碑山北约7千米处、今丰镇市市区东侧饮马河东岸，有一座突兀的火山岩山体，远望如覆钵之状。据传说，山上原有古寨，当地人将其与评书“薛家将”故事中的薛刚联系了起来，称这座山为薛刚山。如今，薛刚山山顶已建为革命烈士陵园，古寨不存；从山顶俯瞰，四周峭壁陡立，有自然防御之势（图4-3）。从地理位置上推断，薛刚山最有可能为北魏犲山，其上原有古寨或即为犲山宫遗址。犲山宫的建成，成为守卫京师平城的第一道防线。

紧接着，拓跋珪于天赐三年（公元406年）“春正月甲申，车驾北巡，幸犲山宫。校猎，至屋孤山。二月乙亥，幸代园山，建五石亭”[②]。这里的代园山，位于犲山宫以北、参合陂之南一带，大体为今丰镇市北侧的山地，有可能即指隆盛庄镇东侧的双台山。拓跋珪在这一区域之内建造五座石亭，即五座类似于汉代烽燧的石构建筑，成为守卫京师平城的第二道防线。隆盛庄镇与双台山之间的山间通道，明代称作威宁口，现仍存于双台山之上的“大明洪武二十九年石刻”记载了明朝于洪武二十九年（公元1396年）在此修边的过程，当时修

① ［北齐］魏收：《魏书》卷一百三《列传第九一》，中华书局，1974年，第2291页。

② ［北齐］魏收：《魏书》卷二《太祖纪》，中华书局，1974年，第42页。

筑了守御这一隘口的一段长城墙体和三座烟墩。[①]这一道长城经过后来的不断加筑增修，成为明王朝在河套地区最北边的一道防御线——明长城大边。[②]北魏初年在代园山建“五石亭”，与明朝初年在此建“烟墩三座”，实有异曲同工之妙。

图 4–3 薛刚山俯瞰（东北—西南）

在天赐三年（公元 406 年）正月幸犲山宫与二月在代园山建五石亭之间，拓跋珪还在屋孤山举行了校猎活动。那么，屋孤山当位于犲山与代园山之间。据《史记·匈奴列传》记载：“岁正月，诸长小会

① 翟禹、张文平：《内蒙古丰镇市双台山“大明洪武二十九年”石刻考释——兼论明代早期北边防御体系的转变》，《中国文物科学研究》2012年第3期。

② 杨建林：《内蒙古清水河县明长城大边研究》，全荣、翟禹主编：《朔方论丛》第8辑，内蒙古大学出版社，2021年。

单于庭，祠。”[①]匈奴有正月集会、祭祀的习俗，拓跋珪的舅部贺兰部属于匈奴部落[②]，而拓跋鲜卑则有“鲜卑父胡母”的说法[③]。拓跋珪牛川复国，时间选的是正月，“登国元年春正月戊申，帝即代王位，郊天，建元，大会于牛川”[④]。相类似，拓跋珪天赐三年（公元406年）正月行幸犲山宫、校猎屋孤山的活动，也有集会、祭祀的性质在内。屋孤（onggon）山当为鲜卑语“神山”之意，这座山极有可能为今丰镇市西北部的牛青山。牛青山孤山独立，整个山体呈敖包形，是一座北方游牧民族崇拜的圣山（图4–4）。

图4–4　牛青山（南—北）

① ［汉］司马迁：《史记》卷一百十《匈奴列传》，中华书局，1959年，第2892页。

② 胡玉春：《贺兰部考略》，《内蒙古社会科学》2015年第5期。

③ 马长寿：《乌桓与鲜卑》，广西师范大学出版社，2006年，第231页。

④ ［北齐］魏收：《魏书》卷二《太祖纪》，中华书局，1974年，第20页。

平城时代早期，参合陂作为京畿内外的一个重要分界线，成为皇帝经常性的巡幸之地。从平城至犲山宫，与从犲山宫至参合陂南岸的驿程距离大致相等，均在50千米左右。犲山宫恰好处于平城至参合陂驿道的中间地带，从平城至犲山宫，从犲山宫至参合陂，均为两天的驿程。

自太武帝拓跋焘及之后的北魏皇帝，《魏书》中再不见巡幸犲山宫的记载，偶尔可见北巡旋鸿池。旋鸿池是位于黄旗海之南的一座小湖泊，大体位置在今丰镇市隆盛庄镇安家卜子村附近一带，早年间有一个安家卜海子，如今水面已完全消失。北魏时期，旋鸿池水域范围“东西二里，南北四里”[①]。文成帝拓跋濬曾于和平三年（公元462年）“观渔于旋鸿池”[②]，孝文帝曾于太和八年（公元484年）“行幸旋鸿池”[③]。平城时代中后期的北魏皇帝偶尔由平城向北巡幸，旋鸿池是最北的目的地，犲山宫、参合陂已彻底失去它们在平城时代早期的重要地位。

四、小结

阴山山脉东段灰腾梁，山势趋于平缓，尤其是灰腾梁的东麓地带，与燕山山脉之间形成十分宽阔的山间通道。历史上，北方游牧民族南下中原，最初往往选择从灰腾梁东麓地带经黄旗海、丰镇地区进入大同地区。譬如，西汉初年发生的“白登之围”，匈奴冒顿单于从这一通道之上长驱直入，将汉高祖刘邦围困在了平城东北的白登山（今

① ［北魏］郦道元著，陈桥驿校证：《水经注校证》卷十三《㶟水》，中华书局，2007年，第312页。

② ［北齐］魏收：《魏书》卷五《高宗纪》，中华书局，1974年，第120页。

③ ［北齐］魏收：《魏书》卷七《高祖纪》，中华书局，1974年，第153页。

山西大同市市区东北马铺山）。在此形势下，中原王朝着重加强了大同地区的军事防御之后，北方游牧民族便会将进攻方向向西转移，匈奴如此，柔然也是如此。

在北魏平城时代早期，拓跋珪在犲山建犲山宫，在代园山建五石亭，形成了京师平城北部的两道防线。而自太武帝拓跋焘开始，柔然主攻盛乐，北魏王朝的重点防御区域转至盛乐—阴山地区，犲山宫便不再见于史籍了，丰镇地区作为京畿的地位逐步下降，由平城经七介山、犲山至参合陂的皇帝北巡驿道也很少使用了。

道武帝拓跋珪与参合陂、七介山的关系极为密切。他于建国三十四年（公元 371 年）七月七日出生在参合陂北，亡国后与母亲贺氏在七介山度过了少年时期（公元 376~385 年），前秦太安元年（公元 385 年）从七介山经参合陂逃亡至牛川。所以，拓跋珪对参合陂一带的地形是极为熟悉的，这也是他能够于登国十年（公元 395 年）在参合陂以少胜多、打败劲敌后燕太子慕容宝的一个重要因素。

对于拓跋珪为何最终选择定都平城，学者们的相关研究成果很多。但拓跋珪在平城之北的七介山居住近 10 年之久，也是值得考虑的一个重要因素，需要作进一步探讨。定都平城之后，拓跋珪在七介山西北约 7 千米处的犲山顶部建犲山宫，在屋孤山举行重要的校猎活动，隐约与他早年的活动经历有着一定联系。

第五章 『造石亭』与『筑长城』

一、“造石亭”与九十九泉汉长城

据《魏书·太祖纪》记载，北魏道武帝拓跋珪于天赐三年（公元406年）“八月甲辰，行幸犲山宫，遂至青牛山。丙辰，西登武要北原，观九十九泉，造石亭，遂之石漠”[①]。

这一则史料中涉及的几个古地名前文已有介绍，较容易理解：天兴元年（公元398年）拓跋珪定都平城，天兴六年（公元403年）在平城之北犲山之上修建了行宫——犲山宫，犲山在平城之北约50千米处，为今乌兰察布市丰镇市市区东侧的薛刚山；从犲山向北有青牛山，为今乌兰察布市黄旗海西北的谷力脑包，南距薛刚山约60千米；从青牛山向西登武要北原，即今乌兰察布市卓资县、察右中旗、察右后旗交界处的灰腾梁，因位于西汉定襄郡武要县故城之北而得名；武要北原之上有九十九泉，即星罗棋布的高山草甸草原湖泊群；石漠为灰腾梁东南、今乌兰察布市察右前旗东部与兴和县西南部之间的低山丘陵区（图5–1）。

那么，“造石亭”三字作何解释呢？在灰腾梁之上，考古工作者调查发现一道围绕九十九泉的长墙，有的学者据此认为这道长墙就是道武帝“造石亭”的遗存，道武帝在武要北原之上修筑了“九十九泉御苑”。[②]

在2007年以来国家文物局开展的长城资源调查中，内蒙古自治区文物考古研究所的考古人员重新调查了“九十九泉御苑”，发现它并非北魏遗存，而是一道西汉长城，并将其命名为“九十九泉汉长城”。

---

① ［北齐］魏收：《魏书》卷二《太祖纪》，中华书局，1974年，第43页。

② 李逸友：《北魏九十九泉御苑遗址》，《内蒙古文物考古》1998年第1期。

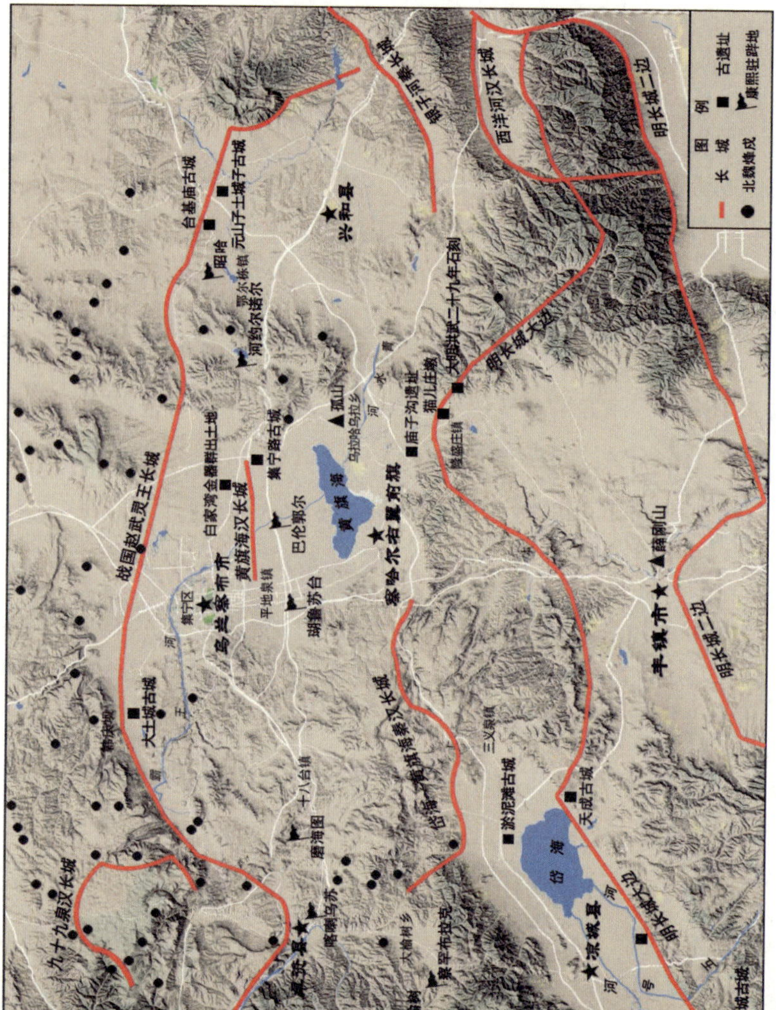

图 5-1　乌兰察布市黄旗海、灰腾梁区域古代遗存分布示意图

九十九泉汉长城主要由墙体、障城、烽燧三类遗迹组成。墙体除东端部分分布于山梁之下外，主体遗存分布于灰腾梁山梁之上，从东、北、西三个方向将九十九泉包围了起来（图 5–2）。长城墙体总长 50 余千米，以夯筑土墙为主（图 5–3），少数地段为石墙（图 5–4）。在墙体沿线，调查人员调查烽燧 56 座、障城 5 座，在长城墙体两侧的延伸防御线路之上调查烽燧 13 座、障城 7 座。

烽燧大部分修筑于墙体内侧及墙体延伸线之上，由堠、坞、积薪垛三部分组成，合称为亭。堠为方台，俗称墩台，最初的修筑方式为外围垒砌石块，内部夯土；如今，墩台坍塌，石块散落，多呈现为土包状（图 5–5）。堠旁侧有坞，供士兵日常居住。坞和堠相连在一起，坞通常位于堠的东南侧，有的坞还可分为内坞、外坞。在堠、坞的周边，分布有一些小的圆形或方形石头圈，为放置积薪的积薪垛。烽燧的报警设施，通常有烽、表、苣火、燧等，史料记述的“举烽燔燧”的燧，就是积薪垛；积薪垛还可分为大积薪、小积薪两种。

调查的 12 座障城，其中 3 座分布于长城墙体内侧，2 座位于长城墙体两端，其他多位于长城墙体的延伸防御线路之上。这些障城的形制大体相同，平面大多呈方形，边长多为 23.1 米，为汉代的十丈，个别边长稍大，也往往符合汉代十丈的倍数。部分障城主障外分布有关厢。障墙底宽顶窄，有石块垒砌、沙土夯筑和内部土筑、外表包石等构筑方式。

调查中发现的遗物集中于烽燧的坞和障城之内，以陶片最为常见，障城内还可见有板瓦、筒瓦和五铢钱等。

九十九泉汉长城属于西汉定襄郡东部都尉的防区，东部都尉与武要县同治于今乌兰察布市卓资县三道营古城（图 5–6）。东部都尉之下，设有候官、部、燧三级军事建制，守卫长城防线，候官治所在障城，部、燧治所均在烽燧。候官的长官称候，秩俸 600 石，与县令大体相

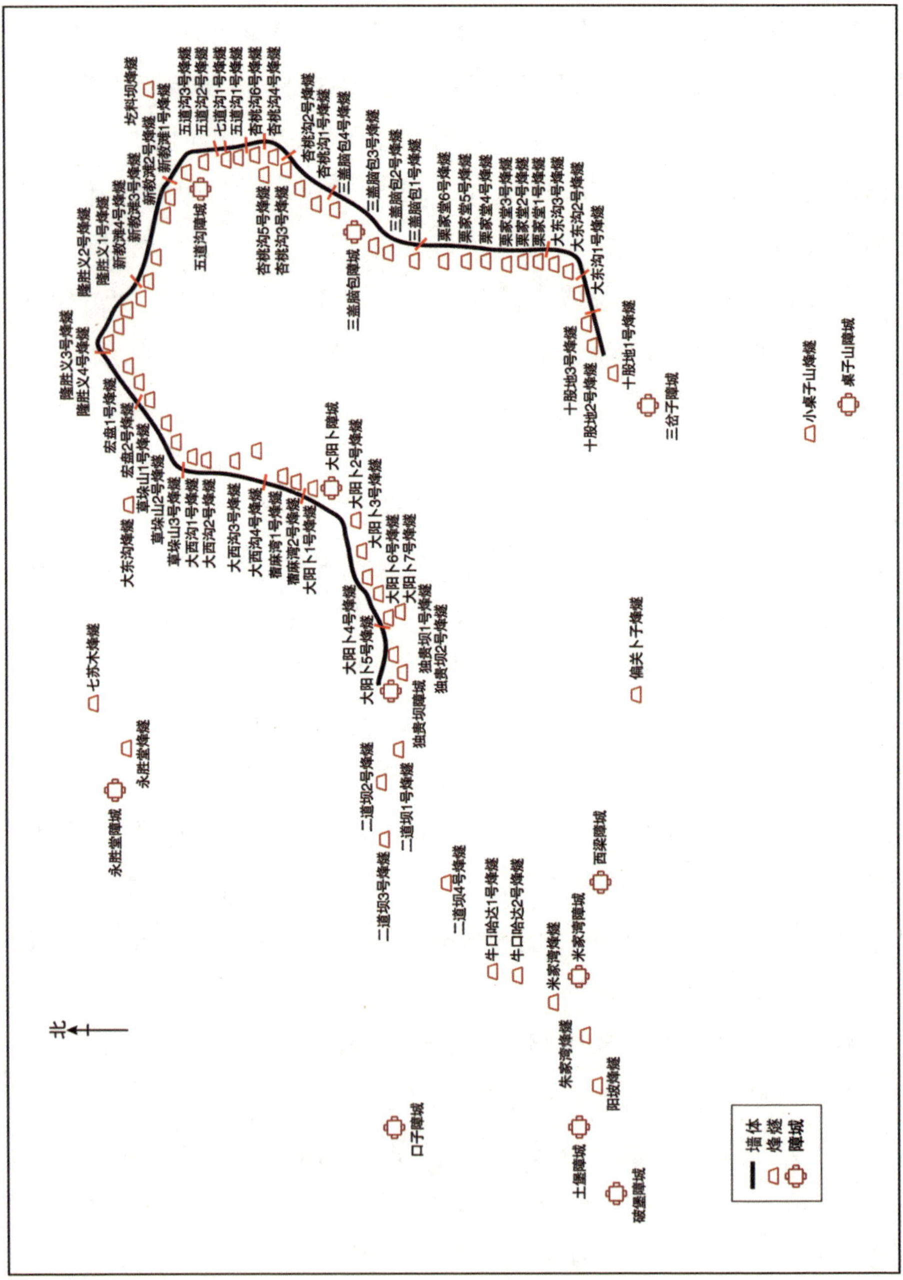

图 5-2 九十九泉汉长城分布示意图

图 5-3 大阳卜土筑长城遗迹（东北—西南）

图 5-4 杏桃沟石砌长城遗迹（西南—东北）

图 5-5　十股地 2 号烽燧，仅见墩台（东南—西北）

图 5-6　三道营古城平面示意图

当。部的长官称候长，燧的长官称燧长，每座烽燧的成员少则2人，多则6人，以3人居多。驻守人员较多的烽燧，往往属于部的治所。

西汉定襄郡东部都尉出塞的塞道为自三道营古城向东的大黑河东西一线，分布于九十九泉汉长城东南端的小桌子山烽燧、桌子山障城，属于东部都尉塞道之上的塞外燧、塞外障。

既然围绕九十九泉的长墙不是北魏“九十九泉御苑”，而是汉长城，那么“造石亭”究竟是怎么一回事呢？

汉代，内地的亭是负责地方治安的基层单位；边塞的亭即烽燧建筑物，是警戒、设防的基层单位，亦称亭燧、塞上亭。拓跋鲜卑游牧代北及立国北魏时期，有“累石为亭”“聚石为峰”等记载，亭又被赋予纪念碑性质，与后来蒙古民族的敖包（oboo）相类似。[①]西晋永安元年（公元304年），拓跋猗㐌出兵帮助西晋并州刺史司马腾打败匈奴刘渊，并举行了结盟仪式，猗㐌还师后，“乃使辅相卫雄、段繁，于参合陂西累石为亭，树碑以记行焉”[②]。参合陂为今乌兰察布市黄旗海，黄旗海盆地是拓跋鲜卑部落三分之际拓跋猗㐌的驻牧地，“累石为亭”之亭是纪念碑，“树碑”之碑则为纪功碑。

由此可见，《魏书》记载的石亭，可能与军事防御有关，也可能是“敖包”类建筑物，包含了祭祀、路标、部落界限等功用。据《魏书·太祖纪》，道武帝拓跋珪于天赐三年（公元406年）八月“西登武要北原”之前，“二月乙亥，幸代园山，建五石亭”[③]。这里的代园山，位于犲山宫以北、参合陂之南一带，大体为今丰镇市北侧的山地，始建于明朝洪武二十九年（公元1396年）的明长城大边主

① 胡鸿：《能夏则大与渐慕华风——政治体视角下的华夏与华夏化》附录二《纸笔驯铁骑——当草原征服者遇上书面语》，北京师范大学出版社，2017年，第294—304页。

② ［北齐］魏收：《魏书》卷一《序纪》，中华书局，1974年，第6页。

③ ［北齐］魏收：《魏书》卷二《太祖纪》，中华书局，1974年，第42页。

要沿着这一道山地东西分布。[①]拓跋珪在这一区域之内建造五座石亭，即五座类似于汉代烽燧的石构建筑，起到保卫犲山宫的作用，军事性质明显。而考辨《魏书》这一节中对道武帝拓跋珪之后在“武要北原”行踪的描述，连续用到了“登”“观”“造”“之”四个动词，按照古汉语意思相近动词连用的规律，“造”所表达的与前文“建”并非同一含义，而应与“观”“之”近似，是到、去、造访的意思。“造石亭”所指“石亭”，极有可能为九十九泉汉长城沿线烽燧。

道武帝拓跋珪在武要北原避暑、游猎期间，“观九十九泉”、“造石亭”均包含有祭祀的意蕴，将前朝“石亭”视作祭祀的“敖包”。所以，可以说拓跋珪是有史记载的第一位游览九十九泉汉长城的人，但拓跋珪造访前朝“石亭”的真正目的，是以之作为祭祀天地神灵的神物。

在对九十九泉汉长城调查的过程中，于灰腾梁之上同时发现大量北魏“石亭”，为区别于汉长城烽燧，将其定名为烽戍（图 5–7）。北魏烽戍的构筑思路，来源于汉代烽燧，也有墩台、坞、积薪垛等设施，但二者之间的差异也是极为显著的。首先，墩台形制、大小不一样。汉代烽燧的墩台一般是内部夯筑、外部石筑的方形台体，现今坍塌后的遗迹较北魏烽戍墩台坍塌后的遗迹小一些；北魏烽戍墩台现今所见遗迹多为一个大石堆，部分台体可见砌筑痕迹，为一个八边形的石砌台体，个别烽戍有两个，甚至三个墩台并列。其次，北魏烽戍的坞、积薪垛不如汉代烽燧那么规范，有的烽戍在墩台旁侧建有一个汉代烽燧不见的夯土台基。再次，汉代烽燧地表散布陶片等遗物较多，而北魏烽戍一般不见遗物，仅偶尔可采集少量陶片。最后，汉代烽燧是与

---

① 翟禹、张文平：《内蒙古丰镇市双台山“大明洪武二十九年”石刻考释——兼论明代早期北边防御体系的转变》，《中国文物科学研究》2012年第3期。

图 5–7 孔家沟烽戍墩台及其东侧夯土台基航拍图

长城墙体、障城相结合的防御体系，烽燧相互之间距离较近，且不一定占据制高点修筑；而北魏烽戍则是一个个独立的防御单位，均修筑于山体的制高点之上，相互间亦可两两相望，但距离较远，从几千米到几十千米不等。

这些北魏烽戍，部分可能具有祭祀、路标、部落界限等“敖包”作用，但大部分应以军事功能为主，初步推断主要修建于太武帝拓跋焘在太平真君七年至九年（公元 446~448 年）构筑“畿上塞围”期间。“畿上塞围”的分布，“起上谷，西至于河，广袤皆千里”[①]。既言畿上，应在平城京畿之北，对平城京畿形成了一个半弧形军事包围圈。据《魏

① ［北齐］魏收：《魏书》卷四《世祖纪》，中华书局，1974年，第101页。

书·食货志》记载："天兴初，制定京邑，东至代郡，西及善无，南极阴馆，北尽参合，为畿内之田。"[①]分析"北尽参合"的语义，应是将参合陂及其所在的参合均包括于"畿内之田"之中，只有到参合之北的武要北原才属于"畿上"。

综此，天赐三年（公元406年）道武帝拓跋珪于武要北原"造石亭"之际，看到的很可能为汉代石亭，而非北魏石亭。

二、"筑长城"与长川

登国元年（公元386年），道武帝拓跋珪于牛川复国之后，于燕山—阴山东西一线四处征伐，一直处于"行国"状态。直至天兴元年（公元398年）定都平城之后，才开始营建宫室城邑，以参合为平城京畿北界，在参合与平城之间设犲山宫，在犲山以北、参合之南的代园山营建了五座烽戍。至于灰腾梁一带，已属于畿外之地，道武帝及之后的明元帝拓跋嗣均曾巡幸，但尚未在此营建固定居所，所以也就不会有上文提到的所谓"御苑"遗址。

在燕山—阴山一线营建固定的军事设施，要晚到明元帝泰常八年（公元423年）。据《魏书·太宗纪》记载，泰常八年"二月戊辰，筑长城于长川之南，起自赤城，西至五原，延袤二千余里，备置戍卫"[②]。依据此条史料，有的学者认为，北魏王朝在东起赤城、西至五原的燕山—阴山东西一线修筑了一道长城防线，并命名为"泰常八年长城"。[③]但是，实地调查并没有能确认"泰常八年长城"的相关遗存，于是认为其主要沿用了战国赵长城。

① ［北齐］魏收：《魏书》卷一百一十《食货志》，中华书局，1974年，第2850页。
② ［北齐］魏收：《魏书》卷三《太宗纪》，中华书局，1974年，第63页。
③ 郭建中：《北魏泰常八年长城寻踪》，《内蒙古文物考古》2006年第1期。

战国赵长城分布于阴山南麓地带，长城沿线发现的遗物以战国秦汉时期为主，而不见北魏沿用遗迹。那么，北魏“泰常八年长城”究竟在哪里呢？这还需要从史料中寻找答案。首先，如果北魏于泰常八年（公元423年）修筑了长城的话，这段长城仅限于长川之南。《魏书·太宗纪》的这段记载应当这样标点：“二月戊辰，筑长城于长川之南。起自赤城，西至五原，延袤二千余里，备置戍卫。”[①] 原文不是一句话，而是两句话。从赤城至五原之间，北魏并没有全线修筑长城，只是“备置戍卫”。长川是阴山山脉与燕山山脉之间的一个南北向平川区，位于今乌兰察布市兴和县东洋河上游一带。在这一区域之内迄今尚未发现北魏长城，只是发现了一座北魏时期的城邑，已有学者考证其为《水经注》记载的长川城。[②]

重新审视“筑长城于长川之南”这条史料，是不是前人理解有误呢？翻检《魏书》，有关“长城”的记载较多，除现代意义上的“长城”外，还有郡县名、人名等，如《魏书·穆崇列传》中，有兄弟二人，兄长名穆平城，弟弟名穆长城。[③] 上述兄弟二人是否是以城邑名作为名字呢？这是非常有可能的。北魏时期，叫“川”的地名非常普遍，通常指大范围的平原地形，如长川、牛川、云中川、大宁川等。建于川地的政治中心和城邑，多以川名为名，如牛川有牛都，云中川有云中镇，大宁川有大宁城，等等。建于长川的城邑理所当然就叫“长城”，与《水经注》所记长川城当为同一座城邑。穆长城的名字，即来自泰常八年（公元423年）修筑的长城。

作为一座军事城堡，长城今址即为位于乌兰察布市兴和县民族团结乡张家村的元山子土城子古城。城址南临东洋河上游支流后河，平

---

① 常谦：《北魏长川古城遗址考略》，《内蒙古文物考古》1998年第1期。

② 常谦：《北魏长川古城遗址考略》，《内蒙古文物考古》1998年第1期。

③ ［北齐］魏收：《魏书》卷二十七《列传第十五》，中华书局，1974年，第673页。

面呈不规则四边形，东墙长约390米，南墙长约380米，西墙长约330米，北墙长约400米（图5-8）。同时，北魏在燕山—阴山东西一线的赤城至五原之间构建了一道军事戍卫线。元山子土城子古城北距战国赵长城不到2000米，一定程度上也表明这条戍卫线在阴山地区主要构建于阴山南麓地带。在这条戍卫线之上，多见类似于元山子土城子古城一类的北魏城邑，如作为西汉定襄郡武要县兼东部都尉治所的三道营古城，北魏曾作了加筑沿用，或即名为武要城；位于今呼和浩特市回民区坝口子村的坝口子古城，为北魏白道城，沿用自秦汉时期云中郡武泉县故城；最西端的北魏五原城，初步推断为今包头市昆都仑区孟家梁古城。

图5-8　元山子土城子古城平面示意图

最早在曹魏年间，南迁的拓跋鲜卑在首领力微的带领下，曾一度驻牧于长川，在长川积蓄力量之后，于曹魏甘露三年（公元258年）西迁于定襄之盛乐。北魏定都平城之后，长川为由平城北出漠南的东道，道武帝拓跋珪、明元帝拓跋嗣、太武帝拓跋焘均曾临幸长川。天赐三年（公元406年）九月，道武帝拓跋珪“癸巳，南还长川。丙申，临观长陂”。[①] 长陂可能即为今兴和县境内的老利海。始光三年（公元426年），太武帝拓跋焘“秋七月，筑马射台于长川，帝亲登台观走马；王公诸国君长驰射，中者赐金锦缯絮各有差”。[②] 马射台类似于后来的阅武台，应是一个阅兵观武的亭台类建筑。泰常八年（公元423年），明元帝拓跋嗣在长川之南修筑长城。到公元5世纪30年代，太武帝拓跋焘在位期间，北魏王朝固定的军事镇戍设施进一步向北拓展，在燕山—阴山以北的漠南草原构筑了六镇。元山子土城子古城北略偏东30余千米处为河北尚义县哈拉沟古城，属于六镇之一的怀荒镇镇城。长城在南，怀荒镇在北，镇戍长川南北一线。

① ［北齐］魏收：《魏书》卷二《太祖纪》，中华书局，1974年，第43页。
② ［北齐］魏收：《魏书》卷四《世祖纪》，中华书局，1974年，第71页。

第六章　云中镇与朔州

天兴元年（公元398年），北魏定都平城，以盛乐（或称云中）为圣都。为了加强盛乐的军事防御，《魏书》记载这一地区设置有云中镇、朔州等军事、行政建制，但对其治城所在，目前尚无定论，我们在本篇中试作探讨。

一、云中镇、朔州军事及行政建制变迁

《魏书》是研究云中镇、朔州的第一手资料。综合《魏书》相关记载，云中镇、朔州的军事及行政建制变迁，可分为三个阶段。

（一）第一阶段：从八部帅“以监之”到安原“出监云中军事”

北魏定都平城之后，设置京畿四至。据《魏书·食货志》记载：“天兴初，制定京邑，东至代郡，西及善无，南极阴馆，北尽参合，为畿内之田；其外四方四维置八部帅以监之，劝课农耕，量校收入，以为殿最。”[①]参合所属的黄旗海盆地以北的阴山山脉、以西的呼和浩特平原，均不在北魏初年的京畿范围之内，属于八部帅统领之地。八部帅为游牧部族首领，他们的统领地并没有设立固定的军事及行政建制。

到明元帝拓跋嗣时期，柔然兴起于漠北，为了加强防御，中央派遣征战有功的将领镇守北部边疆。据《魏书·安同传》记载，明元帝时期，大将安原“出监云中军事”[②]，也就是镇守云中。这是《魏书》中最早出现的关于镇守云中的记载，此时尚未设置云中镇。

明元帝泰常八年（公元423年），“筑长城于长川之南，起自赤城，西至五原，延袤二千余里，备置戍卫”[③]。此时，北魏王朝开始于燕山—

① ［北齐］魏收：《魏书》卷一百一十《食货志》，中华书局，1974年，第2850页。
② ［北齐］魏收：《魏书》卷三十《列传第十八》，中华书局，1974年，第714页。
③ ［北齐］魏收：《魏书》卷三《太宗纪》，中华书局，1974年，第63页。

阴山东西一线建城置戍，开启了于这一地区构筑固定的军事防御体系的先声。始光元年（公元 424 年），太武帝拓跋焘初即位，“八月，蠕蠕率六万骑入云中，杀掠吏民，攻陷盛乐宫。赭阳子尉普文率轻骑讨之，虏乃退走”[①]。此战虽击退柔然，但也让太武帝意识到加强圣都盛乐军事防御力量的必要性。

（二）第二阶段：从来大千“镇云中”到司马楚之父子世袭“云中镇大将、朔州刺史”

从公元 5 世纪 30 年代初年开始，北魏王朝陆续于漠南及河西地区设置军镇，以防御柔然。最初设置于这一地带的军镇有六个，习称为六镇。大约在设立六镇的同时，北魏于盛乐设立了云中镇。据《魏书·来大千传》记载：“（来大千）从讨蠕蠕，战功居多。迁征北大将军，赐爵庐陵公，镇云中，兼统白道军事。……延和初，车驾北伐，大千为前锋，大破虏军。世祖以其壮勇，数有战功，兼悉北镇险要，诏大千巡抚六镇，以防寇虏。”[②]来大千“镇云中”的同时“巡抚六镇”，一定程度表明此时已设有云中镇。云中镇镇守圣都盛乐，地位高于六镇；云中镇将“兼统白道军事”，盛乐以北的阴山白道，直至漠南由白道连通的今武川盆地及希拉穆伦河流域，均为云中镇直属辖区。

太武帝太平真君年间（公元 440~451 年），司马楚之出任云中镇大将、朔州刺史。司马楚之为东晋皇室后裔，明元帝时归顺北魏，后又得到太武帝器重，“寻拜假节、侍中、镇西大将军、开府仪同三司、云中镇大将、朔州刺史，王如故。在边二十余年，以清俭著闻”[③]。司马楚之于文成帝和平五年（公元 464 年）去世，死后获得陪葬皇陵金陵的殊荣。

---

① ［北齐］魏收：《魏书》卷四《世祖纪》，中华书局，1974年，第69—70页。

② ［北齐］魏收：《魏书》卷三十《列传第十八》，中华书局，1974年，第725页。

③ ［北齐］魏收：《魏书》卷三十七《列传第二十五》，中华书局，1974年，第857页。

关于朔州，在司马楚之担任朔州刺史之前，《魏书》并未有过记载。由此推断，朔州的设置时间，约在司马楚之担任云中镇大将、朔州刺史之际。太武帝时期，随着军镇地位的提高，军镇逐渐制度化，许多地方出现州、镇并存的现象，从而引发州刺史与镇将之间的矛盾。针对州镇异制问题，太武帝采取了州镇同治一所的制度，并任命同一人担任州刺史和镇将。[①] 司马楚之担任云中镇大将、朔州刺史，正是这一背景的产物，同时这也体现了北魏对于圣都盛乐政治、军事地位的重视。司马楚之之后，其子司马金龙、司马跃先后继任云中镇大将、朔州刺史。

（三）第三阶段：从云中镇撤治到朔州陷落

太和十八年（公元 494 年），孝文帝拓跋宏迁都洛阳，这代表着北魏政治、经济中心的南移。此后，北魏政区设置变动较大，军镇州郡化明显，一些军事作用不突出的军镇被废除，只保留州的建制。“废镇存州”的例子很多，如废统万镇存夏州、废上邽镇存秦州等。随着六镇军事防御体系的不断完善，云中镇的军事防御作用也大不如前。司马跃于孝文帝时期改任“祠部尚书、大鸿胪卿、颍川王师”[②]。后于太和十九年（公元 495 年）病逝。司马跃之后，《魏书》再无关于云中镇将的任职记载。由此推断，云中镇建制被撤销，时间大体是在孝文帝迁都洛阳前后。

云中镇撤治之后，朔州有两个重要变化：一是实行单纯的州郡制管理，下辖盛乐、云中二郡，其中盛乐郡为州治；二是朔州刺史的军事管理权依然很大，尤其是兼统漠南几个军镇。公元 6 世纪初，慕容契任朔州刺史，兼统“沃野怀朔武川三镇三道诸军事”[③]；后来，杨椿任朔州刺史时，改为“都督朔州抚冥武川怀朔三镇三道诸

---

① 王振兴：《北魏军镇州郡化问题新探》，《历史地理研究》2019年第1期。

② ［北齐］魏收：《魏书》卷三十七《列传第二十五》，中华书局，1974年，第860页。

③ ［北齐］魏收：《魏书》卷五十《列传第三十八》，中华书局，1974年，第1123页。

军事”[①]。

孝明帝正光四年（公元 523 年），六镇起义爆发。六镇起义引发了北魏社会的大动乱，孝明帝试图平息叛乱，加快推进军镇州郡化。孝昌年间（公元 525~527 年），六镇实行改镇为州，改怀朔镇为朔州，改朔州为云州。改镇为州的举措并未完全推行下去，朔州很快陷落，改称的云州寄治于并州界，成为名存实亡的侨置州郡。

二、云中镇、朔州的治城

云中镇、朔州同治于一城，位于圣都盛乐所在的呼和浩特平原之上。鲍桐《北魏北疆几个历史地理问题的探索》一文认为该城址为今呼和浩特市和林格尔县土城子古城。[②]云中镇、朔州究竟是否治于土城子古城，实有重新讨论的必要。

目前，考古调查与发掘确认的位于呼和浩特平原之上的北魏城邑，除土城子古城外，还有呼和浩特市托克托县古城村古城、呼和浩特市回民区坝口子古城、呼和浩特市赛罕区西达赖营古城。下面对以上四座城址，分别作简要介绍（可见前图 2–3）。

古城村古城位于托克托县古城镇古城村西侧，西北距大黑河约 6500 米，再向北正对大青山抢盘河通道。城址西北部历史上遭大黑河河水冲毁，墙体走向不明，现存可见墙体平面大体呈四边形。东墙、西墙为直墙，南墙、北墙均有曲折，其中南墙保存较为完好，曲尺走向明显。东墙长约 1600 米，南墙长约 2000 米，西墙、北墙均残长约

① ［北齐］魏收：《魏书》卷五十八《列传第四十六》，中华书局，1974年，第1286页。

② 鲍桐：《北魏北疆几个历史地理问题的探索》，《中国历史地理论丛》1999年第3期。

1200 米，总的周长超过 7000 米。夯筑城墙，大部分保存完好，最高处残高达 5~6 米，可见墙体断面基宽约 16 米。西墙南段残存两座马面，其他墙体上的马面均已破坏无存。北墙、西墙各开一门，南墙开二门；东墙受破坏，是否有门址已不清楚。城址西南角有一小城，约 180 米见方，南墙开门。大城内有多处建筑遗迹，其中中部一座俗称“钟鼓楼”的大型夯土台基曾出土一尊北魏太和八年（公元 484 年）铭鎏金释迦铜像，似为一处佛教寺院所在（图 6–1）。[①]初步考证，该城址最早为战国赵武灵王时期修筑的云中郡郡治，秦汉时期沿用为云中郡郡治云中县；战国、秦汉时期的城墙遗迹均已在地表难觅，今天所见大城城墙为北魏遗存；西南角小城城墙叠压于大城城墙之上，初步推断为唐代子河驿驿站遗址。

土城子古城位于和林格尔县盛乐镇上土城村北约 1500 米处，坐落在呼和浩特平原与南部低山丘陵区的交界地带，南临黄河支流什拉乌素河的支流宝贝河。城址分为南城、中城、北城三部分，其中北城为唐代单于大都护府故城，南城、中城均发现有北魏遗存。南城平面大体呈方形，南北长约 550 米，东西宽约 520 米。中城位于南城的西北部，西南角已被河水冲刷，平面呈长方形，南北长约 730 米，东西宽约 450 米（图 6–2）。[②]经考证，南城为西汉定襄郡郡治成乐县，东汉划归云中郡；北魏时期沿用了南城，并新建中城；辽金元时期，继续对中城作了沿用。

坝口子古城位于回民区攸攸板镇坝口子村，西临五里沙河，北扼大青山南麓的蜈蚣坝山口处。城址平面呈长方形，南北长约

---

① 苏哲：《内蒙古土默川、大青山的北魏镇戍遗址》，《国学研究》第三卷，北京大学出版社，1995年。

② 内蒙古文物考古研究所：《和林格尔县土城子古城考古发掘主要收获》，《内蒙古文物考古》2006年第1期。

585 米，东西宽约 340 米。南墙向北 202 米处有一道横断全城的东西墙，将城址分为南、北二城。北城中部筑有三座南北相连的子城，俗称“里罗城”。南起第一子城南北长约 104 米，东西残宽约 88 米；南起第二子城南北长约 80.5 米，东西残宽约 92 米；南起第三子城南北长约 82 米，东西残宽约 94 米。南起第一子城南部地表散布有数量较多的汉代绳纹瓦和北魏素面瓦，还有灰色绳纹夹砂陶片、绳纹砖等，部分遗物或可晚至隋唐时期。南城内遗物甚少，亦未发现建筑遗迹。城内曾出土萨珊波斯卡瓦德一世银币 1 枚、库思老一世银币 3 枚。由于古城遭破坏严重，且未经考古发掘，对于北城、南城、各子城的始建年代是否一致及增修沿用等情况，尚无法得知（图 6–3）。[①] 经初步考证，该城址为秦汉时期云中郡武泉县故城，北魏加筑沿用为白道城。

西达赖营古城位于今呼和浩特市赛罕区金河镇西达赖营村北侧的冲积平原之上，北距大黑河约 5 千米。城址平面呈长方形，南北长约 410 米，东西宽约 360 米。夯筑城墙，东墙、北墙均已破坏无存；南墙保存最好，宽近 20 米，残高 2~3 米；西墙北段有一座圆形台基，南段有一座马面。古城门址已破坏不清（图 6–4）。城内散布遗物较少，可见颈部饰三条平行线纹的泥质灰陶罐残片，板瓦较多见，瓦背多饰网格纹，瓦腹多饰布纹。[②]

---

① 张郁：《内蒙古大青山后东汉北魏古城遗址调查记》，《考古通讯》1958年第3期；内蒙古文物工作队、内蒙古博物馆：《呼和浩特市附近出土的外国银币》，《考古》1975年第3期。

② 国家文物局主编：《中国文物地图集·内蒙古自治区分册》（下册），西安地图出版社，2003年，第13页。

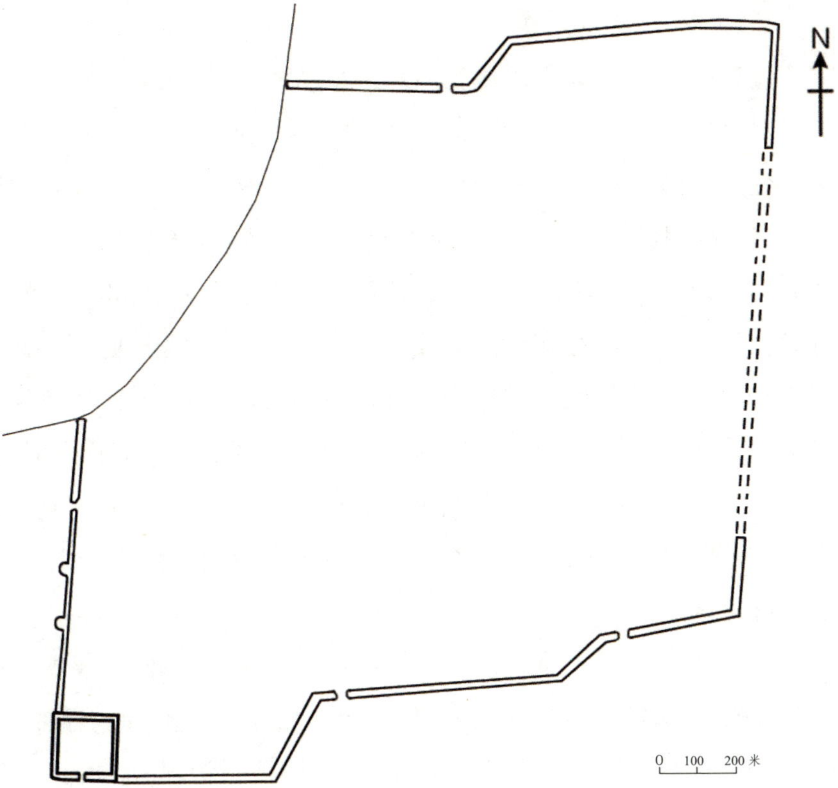

图 6–1　古城村古城平面示意图

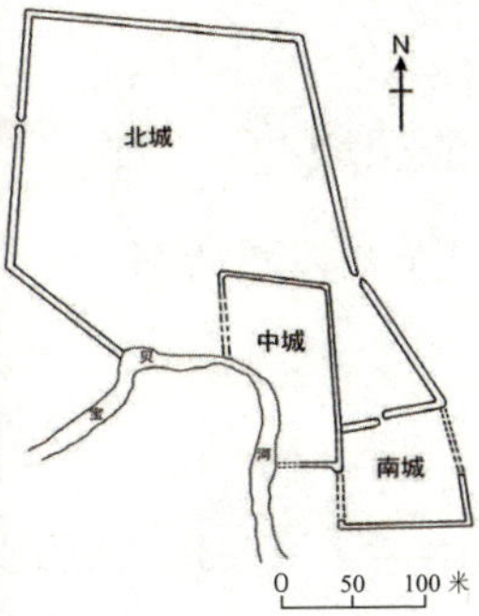

6–2　土城子古城平面示意图

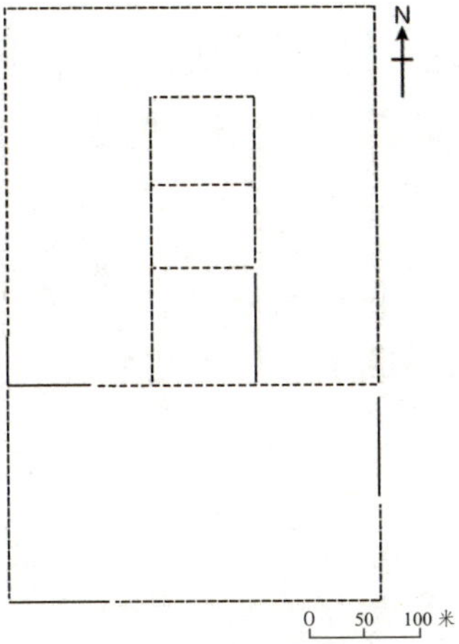

图 6–3　坝口子古城平面示意图

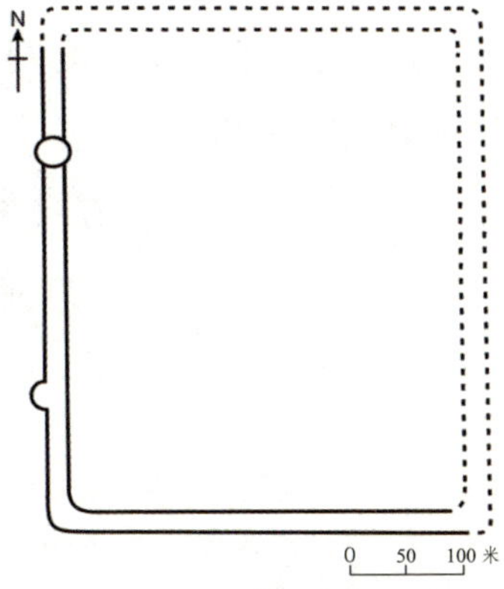

图 6–4　西达赖营古城平面示意图

上述四座北魏城址，古城村古城北临大黑河，地理位置优越，而且规模最大，出土遗物级别较高，最有可能为北魏云中镇、朔州及盛乐郡治城。太和十八年（公元494年），孝文帝北巡盛乐，曾到达朔州。据《魏书·高祖纪》记载，太和十八年（公元494年）秋七月“壬辰，车驾北巡。戊戌，谒金陵。辛丑，幸朔州。……八月癸卯，皇太子朝于行宫。甲辰，行幸阴山，观云川”[①]。孝文帝从平城出发后，西行，经今明长城之上的杀虎口进入今呼和浩特市和林格尔县境内，再顺着浑河上游苍头河北上，经今乌兰察布市凉城县西北部的石匣子沟（北魏参合陉）进入盛乐。在今大黑河南岸，孝文帝由东向西依次途经金陵、青冢、朔州，又从朔州出发登临阴山，在今大青山蜈蚣坝之上的坝顶遗址举行了祭天仪式。[②]

在孝文帝北巡盛乐前后，云中镇建制已经撤销。据《魏书·地形志》，云州下辖4郡9县。[③]云州为六镇起义之时由朔州改名而来，所辖郡县大部分为侨置之后的行政建制；原属于朔州管领的，仅有盛乐、云中二郡，郡下不设县。据《周书·阎庆传》记载，阎庆的曾祖阎善，曾担任北魏龙骧将军、云州镇将，因而定居于云州之盛乐郡；阎庆的父亲阎进，六镇起义中守卫盛乐有功，升任为盛乐郡守。[④]由此条史料可见，盛乐郡在六镇起义前已存在，所谓“云州镇将”“云州之盛乐郡”是对孝昌年间改制后的云州的追述，客观上应为“云中镇将”“朔州之盛乐郡”。

据《水经注》引《魏土地记》记载：“白渠水西北径成乐城北。《郡国志》曰：成乐，故属定襄也。《魏土地记》曰：云中城东八十里有

① ［北齐］魏收：《魏书》卷七《高祖纪》，中华书局，1974年，第174页。

② 张文平、丹达尔：《内蒙古武川坝顶北魏阴山皇家祭天遗址》，《大众考古》2021年第1期。

③ ［北齐］魏收：《魏书》卷一百六《地形志》，中华书局，1974年，第2500页。

④ ［唐］令狐德棻：《周书》卷二十《列传第十二》，中华书局，1971年，第342页。

成乐城。今云中郡治，一名石卢城也。”[①] 北魏朔州云中郡位于盛乐郡“东八十里”，汉代成乐县县治为朔州云中郡沿用，这与土城子古城的实际情形是相符合的。从地理位置上来看，西汉时期，云中郡管辖呼和浩特平原地区，定襄郡管辖呼和浩特平原南部、东部的低山丘陵区；到北魏时期，盛乐郡与西汉云中郡同治，云中郡与西汉定襄郡同治，因而它们的辖区也是大体一致的。

至于西达赖营古城，前文已作考证，最初为拓跋什翼犍建国四年（公元 341 年）所筑盛乐城，北魏时期沿用为金陵奉陵邑，名为云中旧宫。

三、小结

作为拓跋鲜卑的龙兴之地，盛乐在拓跋鲜卑发展历史上具有非常重要的地位。通过对北魏时期云中镇、朔州建制变迁的梳理，结合对呼和浩特平原之上的北魏城址的考证，可以看到在天兴元年（公元 398 年）拓跋珪定都平城之后，圣都盛乐的政治、军事地位在不断地发生着变化。

初都平城，制度尚未健全的北魏王朝，在北方地区延续了十六国时期的“军镇化镇区”[②]，派大将临时镇守。到太武帝时期，军镇趋于制度化，北魏王朝开始在北疆建立军镇防御体系，云中镇大约设置于公元 5 世纪 30 年代初期。其后，中央于不临边地区设置州郡，盛乐由于重要的政治地位和特殊的地理位置，设置朔州，与云中镇同治，治所位于古城村古城。到迁都洛阳前后，随着六镇防御体系的不断完善，

---

① ［北魏］郦道元著，陈桥驿校证：《水经注校证》卷三《河水》，中华书局，2007年，第78页。

② 牟发松：《北魏军镇起源新探》，《社会科学》2017年第11期。

云中镇的军事作用减弱，建制遂被撤销，仅保留朔州，下设盛乐、云中二郡。

孝文帝太和十八年（公元 494 年）北巡盛乐、阴山及漠南军镇，在盛乐历史上是一件大事。“国之大事，在祀与戎”，孝文帝一路上举行了谒金陵、祭天、讲武、安抚六镇军民等活动，并在朔州短暂停留。此后，孝文帝于太和二十一年（公元 497 年）又顺路来到盛乐，祭拜了金陵。在此之后，包括孝文帝在内的北魏皇帝再也没有回到盛乐。在汉化政策主导下的北魏王朝定鼎中原之后，六镇的地位直线下降，圣都盛乐的地位也大不如前。孝文帝的汉化政策，在客观上促进了拓跋鲜卑融入中原，但也同时加快了北魏的灭亡。被遗忘的六镇最终爆发军民联合的大叛乱，盛乐沦陷于叛军之手。

第七章　六镇

北魏时期，北方草原的劲敌先有高车，后有柔然，柔然于公元5世纪初立国，与北魏长期对峙。为了防御柔然，并管理漠南地区降附的高车部落，从公元5世纪30年代开始，北魏在燕山、阴山、贺兰山及河西走廊地区设置了一系列边镇、边城，统称为北镇，其中以六镇最为知名。与中原实行的州、郡、县管理制度不同，北镇推行的是镇、戍二级军事管理体系，配合以北族部落领民酋长制。

六镇究竟是哪六镇？学界争议较多，日本学者佐川英治曾对此做过具体归纳。[①] 当前学界一般认同清代学者沈垚《六镇释》的考证，即六镇自西向东依次为沃野、怀朔、武川、抚冥、柔玄、怀荒。沈垚的说法真的属于不刊之论吗？笔者以为，讨论六镇，还得以《魏书》的相关记载为基本出发点，沈垚《六镇释》在唐宋史料基础上得出的一些观点值得商榷。考辨《魏书》关于六镇的史料，六镇的统辖区位于北魏的北疆地区，起到镇戍归降的高车部落与防御柔然的双重作用；其管辖范围，西起贺兰山及宁夏平原、内蒙古阿拉善盟阿拉善左旗、巴彦淖尔市乌拉特后旗南北一线，向东经后套平原、漠南草原，一直延续至今河北张家口市北部的张北高原、内蒙古锡林郭勒盟南部的金莲川草原一带。

考察六镇，将考古学资料与史料记载相结合，综合辨析北魏王朝北疆军事防御体系的发展演变过程，可归纳为六个时间节点或时间段（图7–1）。

---

① （日）佐川英治：《北魏六镇史研究》，《中国中古史研究》第五卷，中西书局，2015年。

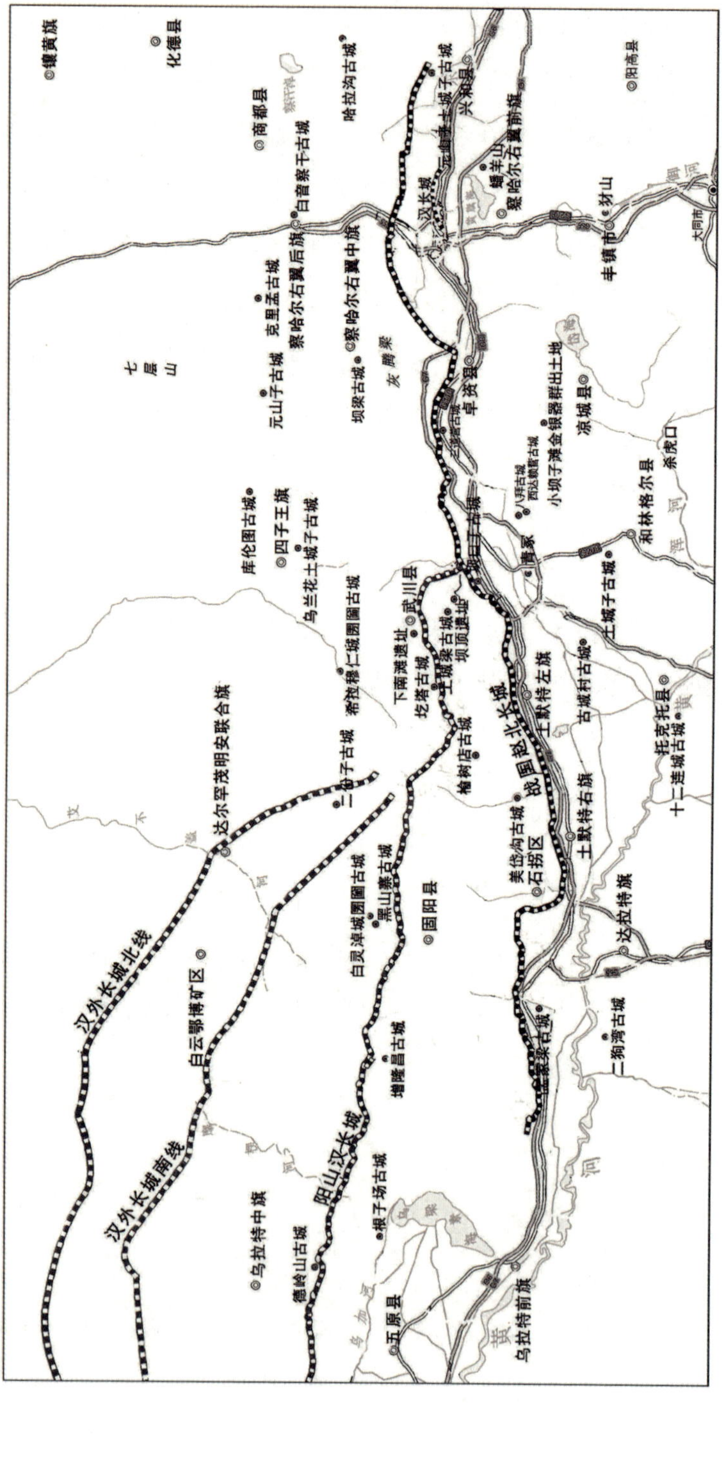

图 7-1 阴山地区北魏镇戍遗址及相关遗迹分布示意图

一、平城京畿“北尽参合”

登国元年（公元 386 年），道武帝拓跋珪于牛川复国，之后在燕山—阴山东西一线四处征伐，处于“行国”状态。[①]在即位后的次月，拓跋珪“幸定襄之盛乐”[②]，回到了拓跋代国的政治中心，但并未在此长期安定下来。登国六年（公元 391 年），拓跋珪攻打长期盘踞于朔方（黄河河套之内）的铁弗匈奴，占据其政治中心悦跋城（一名代来城）。拓跋珪于十一月“戊子，自五原金津南渡河。辛卯，次其所居悦跋城，卫辰父子奔遁”[③]。五原金津在今包头市南海子渡口至鄂尔多斯市达拉特旗大树湾村一带，加上渡黄河，拓跋珪追至悦跋城用了 3 至 4 天的时间。有人认为悦跋城在今陕西榆林市与内蒙古鄂尔多斯市交界处的统万城遗址附近[④]，或者说后来赫连勃勃就是在悦跋城旧址之上新建了统万城。达拉特旗大树湾村距离统万城遗址之间的驿程距离有 350 余千米，古代的骑兵根本不可能在 4 天之内走这么远的距离。所以，悦跋城旧址还是应该在今鄂尔多斯市中部一带寻找。[⑤]灭铁弗部之后，拓跋珪在鄂尔多斯高原东北部临东流黄河南岸一带兴筑了河南宫。在参合陂之战发生之前，拓跋珪每年均要巡幸河南宫，似有以此为都之意。登国十年（395 年），

---

① （日）田中一辉：《从开国元年到皇始元年的拓跋珪》，刘跃进、徐兴无主编：《大夏与北魏文化史论丛》，凤凰出版社，2020年。

② ［北齐］魏收：《魏书》卷二《太祖纪》，中华书局，1974年，第20页。

③ ［北齐］魏收：《魏书》卷二《太祖纪》，第24页。

④ 戴应星：《代来城故址考古记》，《大夏国与统万城》，三秦出版社，2015年。

⑤ 黄义军：《代来城新考》，侯甬坚等编：《统万城建城一千六百年国际学术研讨会文集》，陕西师范大学出版总社，2015年。

后燕太子慕容宝来伐，拓跋珪躲避于河南宫一带，临河固守，避免了被后燕灭亡的命运，此后才有了参合陂之战的大捷。

天兴元年（公元398年），拓跋珪定都平城，开始营建宫室城邑，着手建立一个中原式王朝。据《魏书·食货志》记载："天兴初，制定京邑，东至代郡，西及善无，南极阴馆，北尽参合，为畿内之田；其外四方四维置八部帅以监之，劝课农耕，量校收入，以为殿最。"[①]代郡、善无、阴馆、参合为平城京畿四至，其中参合为京畿北界，出了参合是没有固定行政及军事建制的游牧部落活动区域。

这一时期，道武帝拓跋珪、明元帝拓跋嗣频频北巡，主要是从平城出发，向北经参合陂抵达阴山东部、燕山西部一带。譬如，前文提到的《魏书·太祖纪》记载，拓跋珪于天赐三年（公元406年）八月"丙辰，西登武要北原，观九十九泉，造石亭，遂之石漠"[②]。再如，拓跋珪于平城至参合陂驿路的中间点犲山之上修建了行宫犲山宫。天赐三年（公元406年）"春正月甲申，车驾北巡，幸犲山宫。校猎，至屋孤山。二月乙亥，幸代园山，建五石亭"[③]。拓跋珪巡幸犲山宫期间，校猎于屋孤山，可能指今丰镇市红砂坝镇东南的牛青山；而其后在代园山建造五座石亭，应是沿着今丰镇市北侧山地建造了五座军事防御性质的烽戍，守在参合陂以南一线。

二、赤城至五原"备置戍卫"

泰常八年（公元423年），北魏王朝开始于阴山—燕山一线构筑固定的军事防御体系。《魏书·太宗纪》记载："二月戊辰，筑长城

① ［北齐］魏收：《魏书》卷一一〇《食货志》，中华书局，1974年，第2850页。
② ［北齐］魏收：《魏书》卷二《太祖纪》，中华书局，1974年，第43页。
③ ［北齐］魏收：《魏书》卷二《太祖纪》，中华书局，1974年，第42页。

于长川之南，起自赤城，西至五原，延袤二千余里，备置戍卫。”[①]这一条史料包含了两个方面的内容：第一个方面，在长川之南修筑了一座名为“长城”的军事城堡；第二个方面，在东起赤城（在今河北张家口市赤城县县城一带）、西至五原（在今包头市市区一带）的阴山—燕山一线“备置戍卫”。

从平城向北，有两条大的南北向通道：东面的一条为长川，主要位于今乌兰察布市兴和县境内；西面的一条为参合陂，从参合陂向北经参合陂北、武要北原可至牛川，从参合陂向东亦可进入长川。“备置戍卫”主要是设置固定的军事防御设施，加筑沿用了前朝的一些城邑，也新建了若干城邑。泰常八年（公元423年）修筑的长城，经考证，为今乌兰察布市兴和县元山子土城子古城。[②]赤城是原有城邑，登国二年（公元387年）拓跋珪曾巡幸至此。[③]今乌兰察布市卓资县三道营古城原为西汉定襄郡武要县兼东部都尉治所，北魏作了加筑沿用。今呼和浩特市回民区坝口子古城原为秦汉云中郡武泉县，北魏加筑沿用为白道城。五原城可能为新筑，初步推断其旧址为今包头市九原区孟家梁古城。新筑的城邑，集中分布于阴山北部隘口处，有今乌兰察布市察右中旗坝梁古城，守卫灰腾梁西侧沟谷的北口；有今呼和浩特市武川县榆树店古城，守卫庙沟南口险要之处（图7-2）；有今包头市土默特右旗美岱沟古城，守卫美岱沟北口处（图7-3）。

---

① ［北齐］魏收：《魏书》卷三《太宗纪》，中华书局，1974年，第63页。

② 张文平：《关于北魏“泰常八年长城”的质疑》，中国人民大学北方民族考古研究所、中国人民大学历史学院考古文博系编：《北方民族考古》第4辑，科学出版社，2017年。

③ ［北齐］魏收：《魏书》卷二《太祖纪》，中华书局，1974年，第22页。

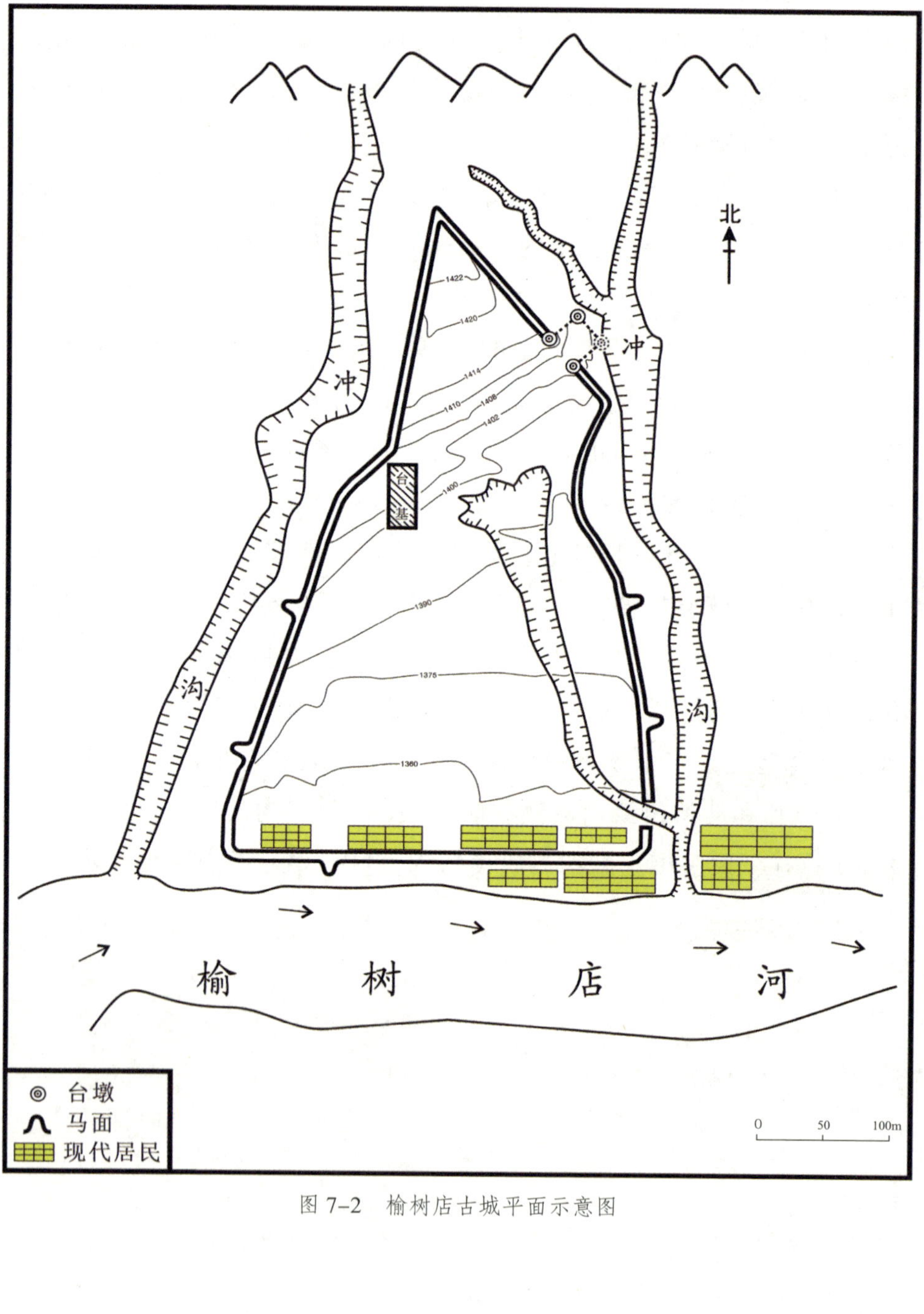

图 7-2 榆树店古城平面示意图

图 7-3　美岱沟古城航拍图（东北—西南）

《元和郡县图志》“云州”条下记曰：“后魏道武帝又于此建都，东至上谷军都关，西至河，南至中山隘门塞，北至五原，地方千里，以为甸服。”[①] 这里记载的平城都城的“甸服”，即开始形成于泰常八年（公元 423 年），固定的军事防区较平城京畿进一步扩大。此时，赫连勃勃在河套内建大夏国，柔然称雄漠北，所以北魏这一时期西至河套、北至五原的军事防区，有向西、向南防御大夏，向北防御高车、柔然的双重作用。

---

① ［唐］李吉甫撰，贺次君点校：《元和郡县图志》卷十四《河东道三》，中华书局，1983年，第409页。

三、构筑漠南六镇与“畿上塞围”

道武帝拓跋珪、明元帝拓跋嗣时期，在对平城以北的军事防御体系不断强化之后，柔然的主攻区域自平城向西转移至盛乐。太武帝拓跋焘即位不久，始光元年（公元 424 年）“八月，蠕蠕率六万骑入云中，杀掠吏民，攻陷盛乐宫。赭阳子尉普文率轻骑讨之，虏乃退走”[①]。这一时期，北魏对柔然以防御为主，而把主攻的矛头首先指向了位于黄河河套之内的赫连勃勃建立的大夏国。始光四年（公元 427 年），拓跋焘攻陷大夏国首都统万城，设置统万镇。大夏末帝赫连定于神䴥四年（公元 431 年）遭吐谷浑袭击，兵败被俘，执送至平城后被拓跋焘处死，大夏灭亡。

神䴥二年（公元 429 年），太武帝拓跋焘大举北伐：“六月，车驾次于兔园水，去平城三千七百里。分军搜讨，东至瀚海，西接张掖水，北渡燕然山，东西五千余里，南北三千里。高车诸部杀大檀种类，前后归降三十余万，俘获首虏及戎马百余万匹。八月，世祖闻东部高车屯巳尼陂，人畜甚众，去官军千余里。遂遣左仆射安原等往讨之。暨巳尼陂，高车诸部望军降者数十万。”[②]其中，燕然山为今蒙古国中戈壁省境内的德勒格尔杭爱山，瀚海在今蒙古国东戈壁省省会赛音山达市，巳尼陂有可能就是今内蒙古赤峰市克什克腾旗境内的达里诺尔。拓跋焘“列置新民于漠南，东至濡源，西暨五原、阴山，竟三千里。诏司徒平阳王长孙翰、尚书令刘洁，左仆射安原、侍中

---

① ［北齐］魏收：《魏书》卷四《世祖纪》，中华书局，1974年，第69—70页。

② ［北齐］魏收：《魏书》卷一百三《列传第九十一》，中华书局，1974年，第2293页。

古弼镇抚之”[①]。为了镇抚这些归降的高车部落，北魏最初是军将屯兵，后来逐步设置军镇，最早见于史籍记载的是怀朔镇。延和二年（公元433年），北魏于汉代五原郡之地设黑城镇，治西汉光禄城（今包头市固阳县黑山寨古城），后迁治于东北约2500米处的白灵淖城圐圙古城，并更名为怀朔镇。从延和二年（公元433年）这一时间节点开始，北魏王朝将固定的军事防区扩展至阴山山脉以北的漠南草原，六镇陆续形成。从黑山寨古城向西，可见的同一地带北魏城邑，有今巴彦淖尔市乌拉特中旗德岭山古城，可能为沃野镇最初的治所（图7–4）；后来，由于山北给养困难，向东南迁址于后套平原东北部的根子场古城（图7–5）。

图7–4 德岭山古城航拍图

① ［北齐］魏收：《魏书》卷四《世祖纪》，中华书局，1974年，第75页。

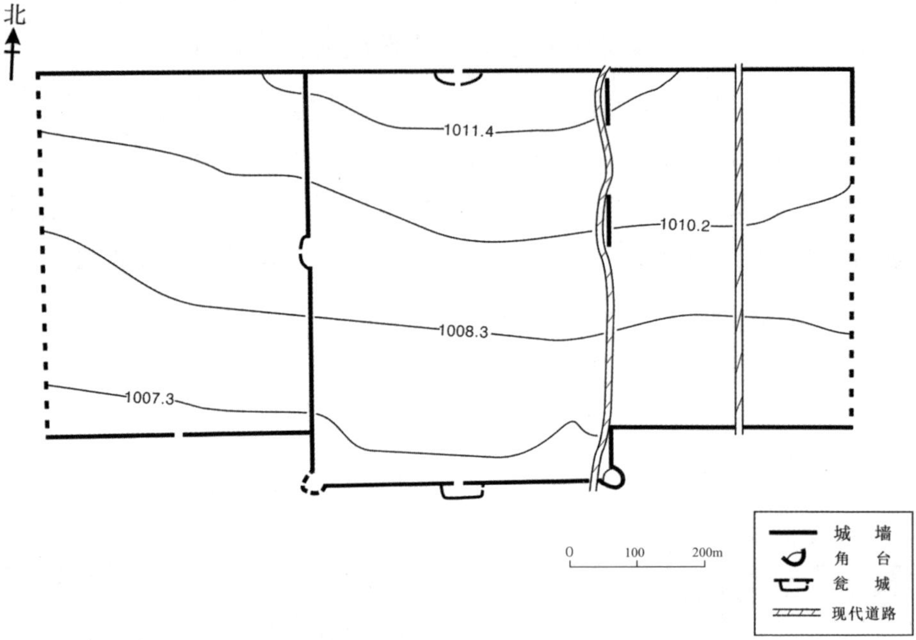

图 7–5　根子场古城平面示意图

据《魏书·高宗纪》记载，文成帝拓跋濬于太安五年（公元 459 年）的诏书中讲到："而六镇、云中、高平、二雍、秦州，遍遇灾旱，年谷不收。"[①] 其中，高平、二雍、秦州均为大夏旧地，高平镇（治今宁夏固原市原州区）设置于太延二年（公元 436 年）。而在太平真君八年（公元 447 年）之前，《魏书·来大千传》已提到来大千"巡抚六镇"之事。[②] 太安五年（公元 459 年）将六镇与云中、高平、二雍、秦州并提，表明云中、高平不在六镇之列，而此二镇之北的漠南军镇均当属六镇。由此推断，当时的六镇分为西三镇、东三镇。西三镇自西向东为薄骨

① ［北齐］魏收：《魏书》卷五《高宗纪》，中华书局，1974年，第118页。

② ［北齐］魏收：《魏书》卷三十《列传第十八》，中华书局，1974年，第725页。

律镇、沃野镇、怀朔镇，东三镇自西向东为柔玄镇、怀荒镇、赤城镇。[①] 薄骨律镇（治今宁夏吴忠市北）亦置于太延二年（公元 436 年），防区依托贺兰山，以宁夏平原为中心，辖区包括了鄂尔多斯高原西北部、阿拉善盟阿拉善左旗大部与后套平原西部一带，本质上属于漠南军镇。《魏书·赵逸传》提到，在神䴥三年（公元 430 年）之后，赵逸曾担任宁朔将军、赤城镇将十余年[②]，此时赤城亦应为六镇之一。初建的六镇均位于交通要地之上，其中怀朔、柔玄、赤城三镇则均为道武帝建国之初的重要驻跸地所在。西三镇与东三镇之间，属于云中镇辖区。

太平真君七年至九年（公元 446~448 年）之间，北魏又修筑“畿上塞围”。据《魏书·世祖纪》记载，太平真君七年（公元 446 年）“丙戌，发司、幽、定、冀四州十万人筑畿上塞围，起上谷，西至于河，广袤皆千里”[③]。这是围绕平城京畿之北、于平城北部“甸服”区域之内开展的一次大规模的军事设施建设工程，燕山—阴山一线南北的六镇等军事防御设施得到进一步完善。在这一广阔的范围之内，调查发现大量北魏烽戍遗址，或分布于高山之巅，或分布于台地中部，或分布于平原之上、河流之畔，多能够两两相望。这些烽戍遗址，部分为拓跋鲜卑等北方游牧民族祭祀的“石亭”，可能相当一部分修筑于构建“畿上塞围”时期，属于镇城、戍城之下最基层的军事防御单位（图 7–6）。

---

① 鲍桐《北魏北疆几个历史地理问题的探索》（载于《中国历史地理论丛》1999年第3期）一文对六镇各镇的始设年代有详细考证，此不赘。

② ［北齐］魏收：《魏书》卷五十二《列传第四十》，中华书局，1974年，第1145页。

③ ［北齐］魏收：《魏书》卷四《世祖纪》，中华书局，1974年，第101页。

图 7-6 乌兰察布市兴和县大喇嘛山烽戍（北—南）

通过六镇及“畿上塞围”的兴建，北魏将固定的军事防御体系逐步推进至漠南草原东西一线，神䴥二年（公元 429 年），兵锋所至，燕然山、瀚海、已尼陂自西向东大致构成北魏王朝的疆域北界。太平真君九年（公元 448 年），太武帝拓跋焘进兵至西汉受降城（今蒙古国南戈壁省巴彦敖包苏木西北约 30 千米的塞林巴剌嘎斯古城），将其设置为抵御柔然南下的军事据点（图 7-7）。[①] 经受降城、燕然山沟通的漠南与漠北之间的道路，为西道。长城资源调查中，于汉外长城北线沿线发现一些烽火台，经确认，均为北魏烽戍遗址（图 7-8）。汉外长城北线，在西汉时期守御的就是大漠南端一带。中部云中镇固定军事防御设施的北界，大体在今乌兰察布市四子王旗东北部与锡林郭勒盟苏尼特右旗西北部交界处的大红山一带，北邻今

① ［北齐］魏收：《魏书》卷四《世祖纪》，中华书局，1974年，第103页。

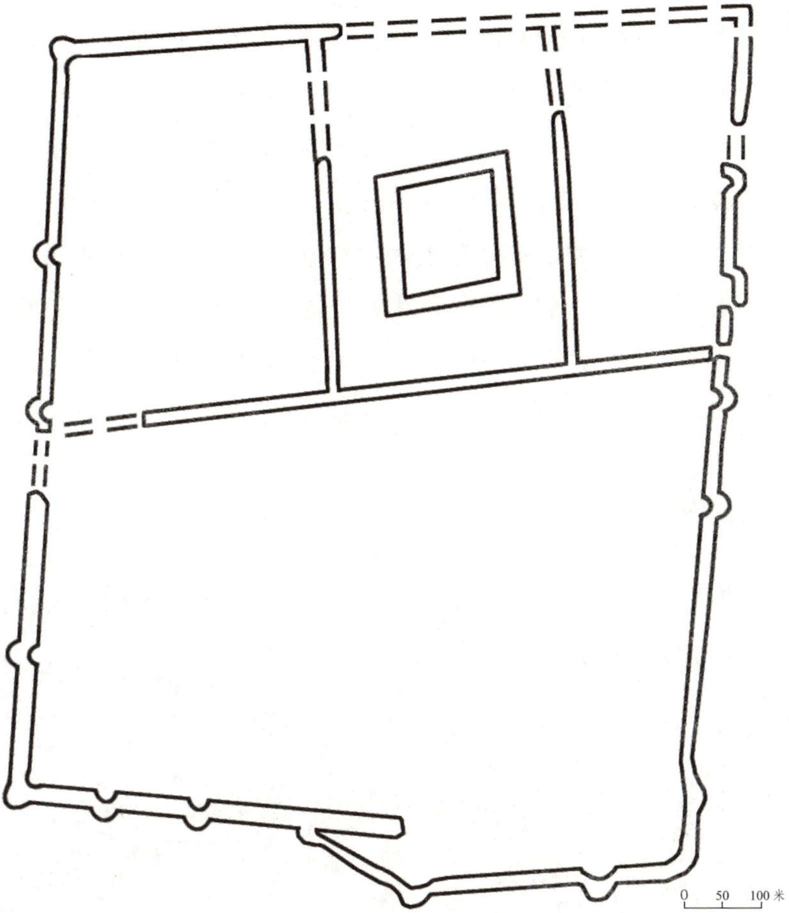

图 7-7　塞林巴剌嘎斯古城平面示意图

中蒙边境。大红山今天被当地蒙古牧民称作脑木更山，脑木更为蒙古语“地貌平缓”（nomuqan）之意。大红山可能为拓跋鲜卑盛乐时期（公元 258~376 年）的东木根山[①]，北魏时期称作瓮山[②]。经大红山向北沟通的漠南与漠北之间的道路，为中道，中道经大红山、今锡林郭勒盟西北部的二连浩特市向北，可至今蒙古国东戈壁省赛音山达市。赛音山达市市区中部的敖包山，自汉代以来已见于史籍记载，

① ［北齐］魏收：《魏书》卷一《序纪》，中华书局，1974年，第10页。

② ［北齐］魏收：《魏书》卷八十二《列传第七十》，中华书局，1974年，第1804页。

称作狼居胥山，旁边的湖泊为翰海，翰海是西汉王朝认为的疆域北界[①]；北魏时期，狼居胥山改称狼山，翰海写作瀚海，北魏征伐柔然，曾经两度兵临瀚海。[②]东部怀荒镇、赤城镇统辖的北界，可能已包括今锡林郭勒盟全境，东北可至今赤峰市克什克腾旗达里诺尔一带。从达里诺尔再向北为大兴安岭地区，远在大兴安岭东麓的乌洛侯国遣使赴平城朝贡，乌洛侯人提到北魏先帝旧墟石室在他们那里，于是太武帝拓跋焘于太平真君四年（公元443年）派遣中书侍郎李敞等大臣至旧墟石室（今呼伦贝尔市鄂伦春自治旗嘎仙洞）祭祀先祖。经达里诺尔、大兴安岭西麓沟通的漠南与漠北之间的道路，为东道，东汉晚期以来拓跋鲜卑由大泽南迁即经由此道。

图 7-8 包头市达尔罕茂明安联合旗西沟子烽戍（东—西）

① ［汉］司马迁：《史记》卷一百十《匈奴列传》，中华书局，1959年，第2911页。

② ［北齐］魏收：《魏书》卷八十二《列传第七十》、卷一百三《列传第九十一》，中华书局，1974年，第1804页、第2294页。

四、“女水之战”与新设武川、抚冥二镇

献文帝拓跋弘于皇兴四年（公元470年）会大军于女水之滨，大败柔然，史称“女水之战”。为了纪念此次战功，女水改名为武川。[①]女水为今流经乌兰察布草原的希拉穆仁河及其上游召河。据《魏书·高车传》记载：“登国三年，太祖亲西征，渡弱洛水，复西行趣其国，至女水上，讨解如部落破之。”[②]弱洛水在女水之东，北魏时期被认为是希拉穆仁河的主流，源头为流经今乌兰察布市四子王旗乌兰花镇南侧的大黑河，女水属于弱洛水支流。女水之战前，弱洛水流域归属云中镇管辖；女水之战后，为了加强这一区域的防务，北魏在武川之滨设置武川镇，在弱洛水上游设置抚冥镇，原云中镇在大青山以北的辖区归属于新建二镇统辖，而云中镇防区则完全退缩于大青山以南。

太和十八年（公元494年），孝文帝拓跋宏北巡。在返回平城途中，孝文帝从怀朔镇动身，先后经过武川、抚冥、柔玄三镇，最后回到平城。据《魏书·高祖纪》，在返程途中，孝文帝曾下诏提到“六镇及御夷城”[③]。太和十八年（公元494年）的六镇，应是在原来六镇的基础之上增武川、抚冥二镇，演变为由西向东的薄骨律、沃野、怀朔、武川、抚冥、柔玄、怀荒、赤城八镇。六镇的得名，源于六个军镇，而后则成为漠南军镇的代称。御夷城大概也修建于这一时期，位于赤城镇之北一带。

---

① ［北齐］魏收：《魏书》卷一百三《列传第九十一》，中华书局，1974年，第2295页。

② ［北齐］魏收：《魏书》卷一百三《列传第九十一》，中华书局，1974年，第2312页。

③ ［北齐］魏收：《魏书》卷七《高祖纪》，中华书局，1974年，第174页。

孝文帝太和年间，曾将个别不临边的军镇改制为州郡，如太和十一年（公元487年）将统万镇改制为夏州。[①]云中镇防区退至大青山以南之后，被撤销军镇建制，保留了朔州。

五、源怀于六镇间“筑城置戍”

据《魏书·源贺传》记载，正始元年（公元504年），大将源怀统领六镇，其间上表宣武帝元恪，建议在六镇之间“筑城置戍，分兵要害，劝农积粟”，通过加筑城戍，增强防御能力。宣武帝同意了他的表奏，“今北镇诸戍东西九城是也”[②]。这些戍城，分布于六镇之间，起到“犬牙相救之势”[③]。

在长城资源调查中，结合史料记载，对分布于今内蒙古自治区境内的沃野、怀朔、武川、抚冥、柔玄等镇的具体治城一一作了认定。[④]其中，沃野镇为今巴彦淖尔市乌拉特前旗根子场古城，镇戍于后套平原东部及其以南的鄂尔多斯高原北部、以北的漠南草原地区，与薄骨律镇在阴山的分界线大致在今巴彦淖尔市磴口县巴彦乌拉山一带；怀朔镇为今包头市固阳县白灵淖城圐圙古城，镇戍于白灵淖盆地，向南护卫明安川、包头平原及黄河南岸沿黄平原地区，西与沃野镇的分界线在今乌梁素海南北一线；武川镇为今包头市达尔罕茂明安联合旗希拉穆仁城圐圙古城，抚冥镇为今乌兰察布市四子王旗乌兰花土城子古城，二镇均起到护卫盛乐的作用；柔玄镇为今乌兰察布市察右后旗克

① ［北齐］魏收：《魏书》卷一百六《地形志》，中华书局，1974年，第2628页。

② ［北齐］魏收：《魏书》卷四十一《列传第二十九》，中华书局，1974年，第928页。

③ ［北齐］魏收：《魏书》卷四十一《列传第二十九》，中华书局，1974年，第927页。

④ 内蒙古自治区文化厅（文物局）、内蒙古自治区文物考古研究所编著：《内蒙古自治区长城资源调查报告·北魏长城卷》，文物出版社，2014年，第96—106页。

里孟古城，与怀荒镇（今河北张家口市尚义县哈拉沟古城）共同起到护卫平城的作用。六镇镇城的位置，多处于农耕区的最北界之上，六镇之南依然可以开展农业生产活动，六镇之北主要为高车等部落的游牧区。六镇镇城规模普遍较大，部分为二城或三城并列式。

由西向东，目前可见的六镇间戍城，有位于沃野镇与怀朔镇之间的今巴彦淖尔市乌拉特前旗增隆昌古城，戍守于明安川以北、色尔腾山之南的小佘太川，归属怀朔镇管领；有位于怀朔镇与武川镇之间的今呼和浩特市武川县二份子古城，戍守于庙沟以北的隘口地带，亦应归属怀朔镇管领；有位于抚冥镇与柔玄镇之间的今乌兰察布市四子王旗库伦图古城、察右中旗元山子古城，分别归属抚冥镇、柔玄镇管领，起到有效串联二镇的作用；有位于柔玄镇与怀荒镇之间的今乌兰察布市察右后旗白音察干古城，归属柔玄镇管领，戍守于向南进入黄旗海盆地的灰腾梁东侧通道北口处。这五座戍城，均为单城，规模均小于六镇镇城，从史料角度来看，它们抑或属于“东西九城”中的五城。其他四城，经初步推断，沃野镇之西有高阙戍，位置在今巴彦淖尔市乌拉特后旗达拉盖沟一带，具体城邑尚待考证；白音察干古城东距怀荒镇镇城之间的驿程距离约 87 千米，二者之间还应分布有一座戍城；怀荒镇与御夷镇之间应有两座戍城，一城或在今河北张家口市张北县县城一带，另一城似在今张家口市崇礼县县城附近。通过九城的设置，有效地缩短了漠南军镇东西一线相互之间的距离。

六、孝昌年间改镇为州

孝明帝元诩正光五年（公元 524 年），六镇起义爆发。出于平定叛乱的需要，六镇在孝昌年间（公元 525~527 年）推行了大规模的改镇为州措施。据《魏书·郦道元传》记载：“肃宗以沃野、怀朔、薄骨律、武川、抚冥、柔玄、怀荒、御夷诸镇并改为州，其郡县成名令准古城邑。”[①]此时的六镇，数量仍是八个。按照惯例，一般是镇偏北、城靠南，所以御夷由城升格为镇，而赤城则由镇降格为城。

据《魏书·慕容白曜传》记载，公元6世纪初，慕容契在北镇任职，辗转多地，“正始初，除征虏将军、营州刺史。徙都督沃野、薄骨律二镇诸军事，沃野镇将，转都督御夷、怀荒二镇诸军事，平城镇将，将军并如故。转都督朔州、沃野怀朔武川三镇三道诸军事，后将军，朔州刺史”[②]。从慕容契的任职经历可以看到，薄骨律镇与沃野镇的关系较为密切，有时统归沃野镇将管辖；撤销云中镇后的朔州，与沃野、怀朔、武川等镇的关系较为密切，此三镇有时统归朔州刺史管辖；御夷镇与怀荒镇的关系较为密切，有时统归平城镇将管辖。除此而外，还有其他一些相邻镇城间的组合，其中六镇中以沃野、怀朔、柔玄三镇居主要地位，朔州刺史、平城镇将有时会管领其北边相邻的六镇。[③]

北魏改镇为州，目的是平息六镇起义，但由于“六镇之乱”愈演愈烈，实质上州郡制并未在六镇间推行开来。但改镇为州后的州郡建制，成为入北周、入北齐的六镇人的籍贯追溯。

七、小结

通过对北魏王朝北疆军事防御体系变化的六个时间段或时间节点的分析，可见到太武帝拓跋焘在位期间（公元423~452年），六镇的

---

① ［北齐］魏收：《魏书》卷八十九《酷吏列传》，中华书局，1974年，第1925页。

② ［北齐］魏收：《魏书》卷五十《列传第三十八》，中华书局，1974年，第1123页。

③（日）佐川英治：《北魏六镇史研究》，《中国中古史研究》第五卷，中西书局，2015年，第105页。

防御体系趋于成型，献文帝拓跋弘于女水之战后，又进行了一些局部强化工作。到孝文帝拓跋宏太和年间（公元 477~499 年），柔然已难以对北魏王朝形成实质性威胁，于是北魏王朝裁撤了部分不临边的军镇，迁都洛阳也是在这个大背景之下实施的。孝文帝迁都洛阳以后，推行汉化，六镇地位逐渐下降。公元 6 世纪初，源怀镇抚六镇，六镇军备显示出衰败的迹象，源怀于六镇间“筑城置戍”，但已难以挽回大势。

对六镇的研究，《魏书》是最基础的史料，分析六镇的变化，必须以《魏书》相关记载为准。把《魏书》记载与考古成果相结合，方可得出较为确切的结论，但也要注意，不能强行为史料记载寻找考古证据，如据《魏书·高闾传》记载，孝文帝太和八年（公元 484 年），大臣高闾曾表奏于六镇之北兴筑长城，孝文帝“览表，具卿安边之策”①，很多学者据此认为北魏修筑了六镇长城，并构拟了长城分布线路；目前来看，这些所谓的“北魏长城”缺乏坚实的考古学证据，尚需进一步考证。北魏王朝的北疆军事防御体系，主体是军镇防御，不是长城防御。

《水经注》也是研究六镇的第一手史料，但《水经注》中讹误较多，对于具体问题须具体分析，如《水经注》记载百年前的参合陂之战，将参合陂误植于参合陉（今乌兰察布市凉城县西北石匣子沟）。《北齐书》、《周书》之中也有一些史料可供参考，二书对六镇人籍贯的追溯往往以改镇为州后的州郡为准，由此作为切入点，可以了解一些六镇改镇为州的具体情况；但有的记载存在夸大现象，准确程度不高，如《周书》记载杨忠高祖杨元寿在魏初担任武川镇司

---

① ［北齐］魏收：《魏书》卷五十四《列传第四十二》，中华书局，1974年，第1202页。

马[①]，而魏初根本不存在武川镇，司马一职可能系编造。至于唐宋时期的史料，已属于研究北魏历史的第二手史料，仅具参考价值，沈垚《六镇释》以唐宋史料为主要依据对六镇进行考释，即犯了史料学上的错误。

① ［唐］令狐德棻等：《周书》卷十九《列传第十一》，中华书局，1971年，第314页。

第八章 黑城与黑城镇

北魏六镇之中，只有怀朔镇的设置年代，在《魏书》中有明确记载，为延和二年（公元433年）。怀朔镇的镇址，学术界也已达成共识，即今包头市固阳县白灵淖城圐圙古城。

近年来，包头市的文物工作者在白灵淖城圐圙古城西南的孤山之上，新发现了一座古城遗址，当地老乡俗称此城为“黑山寨”，考古学上将其命名为“黑山寨古城”。关于黑山寨古城的性质，有的学者将其与北魏阴山行宫广德宫联系了起来。在实地考察的基础上，笔者不揣浅陋，试对其性质作新的探讨。

一、黑山寨古城简介

白灵淖城圐圙古城地处阴山之北的丘陵盆地之中，南望阴山。流经白灵淖城圐圙古城的五金河，是昆都仑河的上游，昆都仑河穿越阴山，在今包头市市区以南注入黄河。从白灵淖城圐圙古城向西南约2500米，五金河开始流入山区，五金河西岸有一座孤山，孤山西侧有一条小河，两河于孤山西南侧交汇，对孤山形成环绕之势。黑山寨古城即建于孤山之上，城墙将整个山体包围了起来。

黑山寨古城依山势布局，平面呈不规则四边形，东、南、北三面均筑有墙体，西墙遭五金河支流河水冲毁殆尽，周长2620米。墙体有土夯者，也有石砌者。石墙见于古城东墙、南墙及北墙的东、西两端，计长1425米；墙体为两侧石砌，内侧土石堆筑，墙体宽1.8~2米，残高0.7~1米。土墙见于北墙中部，长475米；墙体宽1.5米，残高0.8米。消失墙体包括西墙及东墙中部豁口、南墙中部豁口，计长720米。此外，在东墙、北墙东段（城门以东）外侧加筑有一道附墙，全长约730米，为石筑，墙体宽0.5米，残高0.4米。较为特殊的是，6号马面北侧和东南角台向外凸出的小山丘上，各筑有一小段墙体，均长约30米，墙体外端各筑有 1 座马面。修筑这两段小段墙体的目的，其一是利用特殊地形对古城加强防御，其二墙体末端的马面可能同时具有烽戍瞭望的作用。

古城东、南、北三面墙体之上共保留有 24 座马面，其中北墙 7 座，东墙 10 座，南墙 7 座。马面台体为土石混筑，外侧石块包砌，形状有长方形、半圆形和方形等。长方形马面一般长 7~9 米，宽 4~6 米；半圆形马面直径在 6~9 米；方形马面边长 4~6 米；马面残高基本与城墙持平。除西南角城墙外，其余三角均保留有角台。角台平面呈椭圆形，筑法与马面相同，长直径 12 米，短直径 6 米，残高 2 米。城门位于北墙偏东一处沟口处，此段墙体内凹，城门宽约 15 米。城内多处被辟为耕地，有一道南北向沟谷纵横城中，在南墙和东墙中部形成较大豁口（图 8–1）。

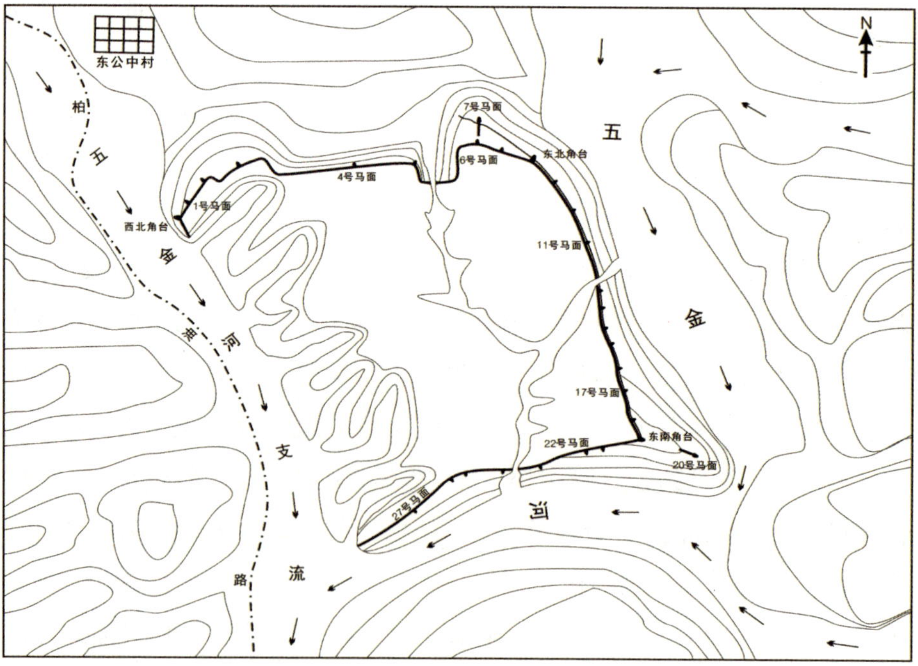

图 8–1　黑山寨古城平面示意图

黑山寨古城地表采集遗物以瓦片、陶片为主。瓦片有筒瓦、板瓦等，均外壁素面，内壁饰布纹，檐板瓦檐头有指压装饰。陶器有泥质灰陶盆、陶壶残片，器表上施平行划线纹、磨光暗纹等，外唇有施戳印纹者。这些遗物与白灵淖城圐圙古城出土遗物大致相似，可认定为北魏时期。

二、广德宫辨析

黑山寨古城与《水经注》关于广德宫位置的描述，差别很大。据《水经注》："芒干水又西，塞水出怀朔镇东北芒中，南流迳广德殿西山下。……其水历谷南出山，西南入芒干水。芒干水又西南注沙陵湖，湖水西南入于河。"[①]芒干水一般认为是今流经呼和浩特平原的大黑河，塞水出山后注入大黑河。将塞水认定为今源于呼和浩特市武川县水磨沟及其上游纳令沟一带的抢盘河，可与《水经注》记载相吻合。

今位于武川县境内的纳令沟河，属于抢盘河的一条重要支流；但在北魏时期，纳令沟河被认为是抢盘河的源头所在，即塞水的主河道。抢盘河出大青山之后，向南注入大黑河，大黑河再经七星湖注入黄河。七星湖在汉代、北魏时期，即名为沙陵湖。

在武川县德胜沟乡圪塔村西北约500米处、纳令沟河北岸的一座高台地之上，分布有圪塔古城，应即北魏时期的广德宫遗址。城址平面大致呈四边形，北墙长约140米，东墙、西墙均长约110米，南墙略向外弧，长约180米。夯筑城垣，由于常年耕作，地表遗迹已不太明显，东南角可见圆形瓮城门，南向开门。城内中部有两排南北向柱

---

① ［北魏］郦道元著，陈桥驿校证：《水经注校证》卷三《河水》，中华书局，2007年，第79—80页。

础石，为宫殿遗址所在，地表散布砖瓦中可见“富贵万岁”文字瓦当。据《水经注》记载，广德宫为太武帝拓跋焘于太平真君三年（公元442年）巡幸阴山时所造，宫殿建成之后，适逢被南朝刘宋灭国的后仇池国国君杨难当前来投靠，遂取名为广德宫。广德殿“四注两厦”，宫殿屋顶为歇山顶式，殿内的顶棚和藻井之上绘有奇禽异兽的图像。①

太和十八年（公元494年），孝文帝北巡，进入阴山之后，首先于白道岭之上祭天，之后宿顿于阿计头殿（今武川县大青山乡土城梁古城），其后于阅武台（今武川县可可以力更镇西南约6千米处的下南滩遗址）举行了阅兵讲武的活动，再之后宿顿于广德宫，最后从广德宫抵达怀朔镇。②

再者，怀朔镇所在的白灵淖城圐圙古城地势平衍，而黑山寨古城据山而守，从地理位置上来看，黑山寨古城拥有军事防御方面的优势，但白灵淖城圐圙古城则显然具有更重要的地位。北魏时期，无论如何也不可能让怀朔镇镇将居于白灵淖城圐圙古城之中，而将北魏皇帝安置在孤山之上。

三、黑山寨古城与白灵淖城圐圙古城

白灵淖城圐圙古城西北、东北两角建在低矮的山丘顶部，南墙中部亦位于低缓的丘陵顶部，城区大体处在南北高、中间低的低洼地带，大部分被开垦为耕地。五金河呈东北—西南向穿越古城，有一条小的支流穿过北墙汇入五金河，西墙南部毁于河水冲刷。

---

① ［北魏］郦道元著，陈桥驿校证：《水经注校证》卷三《河水》，中华书局，2007年，第79—80页。

② ［北齐］魏收：《魏书》卷七《高宗纪》，中华书局，1974年，第174页；［北魏］郦道元著，陈桥驿校证：《水经注校证》卷三《河水》，中华书局，2007年，第79—80页。

白灵淖城圐圙古城平面形制大体呈不规则四边形状，东南角外凸，南墙、西墙均略有小的折角。东墙长 950 米，南墙总长 1480 米，西墙总长 1310 米，北墙长 1235 米。城墙均为夯筑土墙，夯层厚 13~15 厘米。现存城墙底宽 10~15 米，顶宽 1~2 米，残高 1~1.5 米。四角设角台。依北魏建城规制，城墙之上一般设有马面，但目前马面遗迹均已难以辨识。南墙和北墙中部各开一座城门，门址均宽约 18 米，南门方向为 180°（图 8–2）。

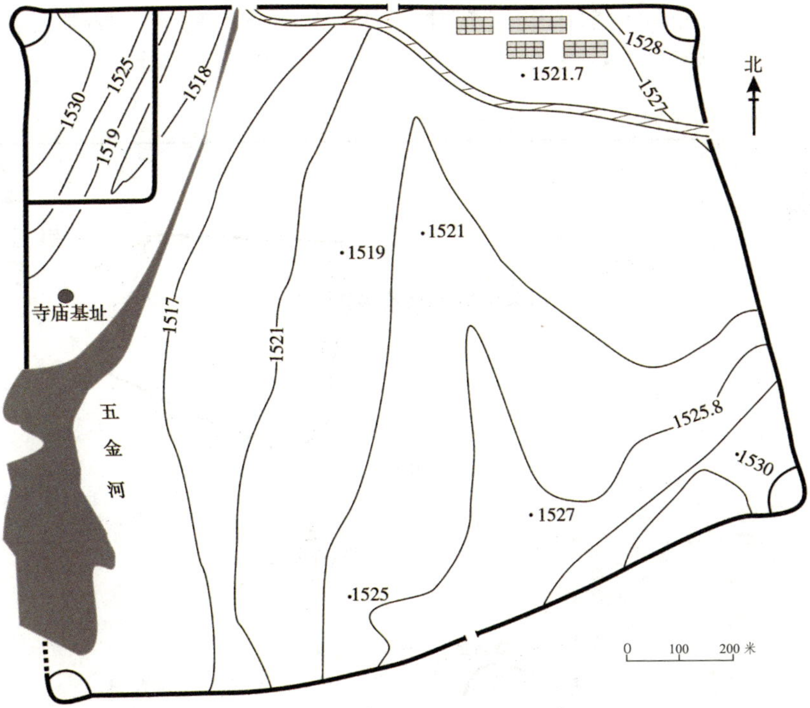

图 8–2　白灵淖城圐圙古城平面示意图

北魏镇城多为两城，甚至三城并列式布局，相互间应该存在着早晚关系，也可能涉及功能分区。譬如，沃野镇所在的今巴彦淖尔市乌拉特前旗根子场古城，为东西三城并列式布局；抚冥镇所在的今乌兰察布市四子王旗乌兰花土城子古城，为两城相连式布局。白灵淖城圐圙古城作为怀朔镇镇城，地位很高，却是单城。这样，黑山寨古城的出现，一定程度上可以解释白灵淖城圐圙古城为单城的问题。也就是说，黑山寨古城也是怀朔镇的组成部分。

从分布位置上来看，黑山寨古城应当修筑在前，后来需要扩大规模，而黑山寨古城本身不具备扩建条件，只能向北另寻地方。白灵淖城圐圙古城建成后，黑山寨古城作为怀朔镇镇城的一部分，仍在使用，二者关系类似于今天城市建设中的旧城、新城。这样，怀朔镇同样也是两城并列式布局，黑山寨古城开北门，方便了与白灵淖城圐圙古城之间的沟通（图 8-3）。

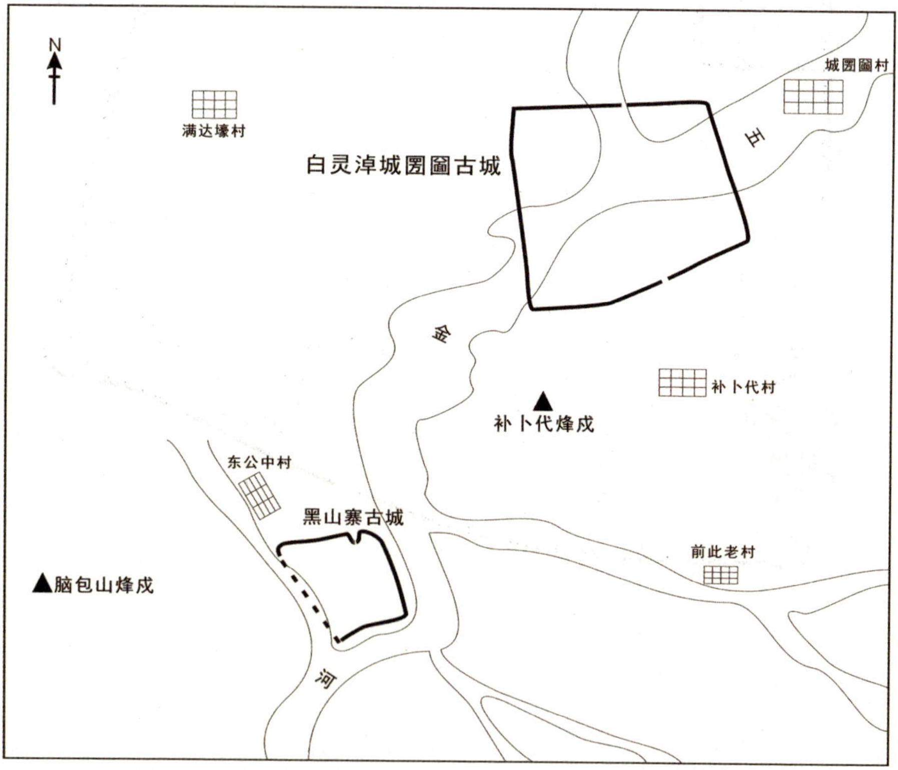

图 8-3　黑山寨古城与白灵淖城圐圙古城平面位置关系示意图

四、黑城镇：对《魏书》的辨析

关于黑山寨古城的建制，《魏书》提供了非常有价值的史料。

《魏书》较为详细地记下了怀朔镇的建制沿革："朔州，本汉五原郡，延和二年置为镇，后改为怀朔，孝昌中改为州。"[①] 朔州最早设置于今呼和浩特市托克托县古城村古城，朔州刺史往往兼任云中镇镇将，并管领怀朔、武川等镇。孝昌年间（公元 525~528 年），怀朔镇升格为朔州，并在原朔州之地设置云州。从这一记载中还可以看到，怀朔镇于延和二年（公元 433 年）设立后，当时镇名并不叫怀朔，怀朔是后起之名。有学者提出，朔州"本汉五原郡"，那么新建镇就叫五原镇。[②]"本汉五原郡"一语，主要是指汉代五原郡辖区之意，不能遽断为北魏建镇即名为五原。

汉代五原郡郡治九原县，为今包头市九原区昆都仑河东岸的麻池古城。北魏前期，《魏书》屡次提到五原一名，在记载中，其仍然在黄河北岸、乌拉山以南的包头平原一带。北魏于泰常八年（公元 423 年）"起自赤城，西至五原，延袤二千余里，备置戍卫"[③]。这一条戍卫线位于燕山至阴山的南麓地带，包括了赤城、长城、五原城等戍城。[④] 北魏于阴山以南已设五原城，不可能于阴山以北设镇之后再叫五原镇。

黑山寨古城于延和二年（公元 433 年）建镇时的镇名，在《魏

---

① ［北齐］魏收：《魏书》卷一百六《地形志》，中华书局，1974年，第2498页。

② 牟发松：《北魏军镇起源新探》，《社会科学》2017年第11期。

③ ［北齐］魏收：《魏书》卷三《太宗纪》，中华书局，1974年，第63页。

④ 张文平：《关于北魏"泰常八年长城"的质疑》，中国人民大学北方民族考古研究所、中国人民大学历史学院考古文博系编：《北方民族考古》第4辑，科学出版社，2017年。

书》中可找到蛛丝马迹。登国元年（公元 386 年），道武帝拓跋珪于牛川建国之后，四处征伐，驻跸地不固定。据《魏书·太祖纪》，登国六年（公元 391 年），道武帝“秋七月壬申，讲武于牛川，行还纽垤川。慕容垂止元觚而求名马，帝绝之。乃遣使于慕容永，永使其大鸿胪慕容钧奉表劝进尊号。其月，卫辰遣子直力鞮出梱杨塞，侵及黑城。九月，帝袭五原，屠之。收其积谷，还纽垤川。于梱杨塞北，树碑记功”[①]。

上述史料涉及五原、梱杨塞、黑城、纽垤川等几个重要地名。五原在今包头平原。西汉时期的五原郡稒阳县为今包头市土默特右旗大城西古城，该县城同时为五原郡东部都尉治所，西北方向的五当沟为塞道所在；到东汉时期，稒阳县撤治，在五当沟一带设有军事防区稒阳塞；北魏时期的梱杨塞应为五当沟及今固阳县县城所在的明安川地区，成为一个单纯的地理地名。出梱杨塞“侵及”的黑城可能即是黑山寨古城，而纽垤川则是黑山寨古城以北的五金河流域这一片平川地。

黑城是北魏初年道武帝拓跋珪的重要驻跸地之一。当时，道武帝的驻跸地在燕山—阴山以北，东有赤城，中有牛川，西有黑城；在阴山以南，东有定襄之盛乐，西有位于黄河南岸的河南宫（在今鄂尔多斯高原东北部一带）。

北魏迁都平城之后，随着对高车等部族的不断征服，便将大量的降附部落安置于漠南一带。据《魏书·世祖纪》记载，太武帝拓跋焘于神䴥二年（公元 442 年）“列置新民于漠南，东至濡源，西暨五原、阴山，竟三千里。诏司徒平阳王长孙翰、尚书令刘洁、左仆射安原、侍中古弼镇抚之”[②]。这里的新民，主要指高车等部落。为了镇抚“新

① ［北齐］魏收：《魏书》卷二《太祖纪》，中华书局，1974年，第24页。

② ［北齐］魏收：《魏书》卷四《世祖纪》，中华书局，1974年，第75页。

民”，北魏王朝于漠南设置固定的军事性城邑，这就是建置六镇的源起，当然后来六镇又担负了防御柔然的重任。那么，顺此推断，在道武帝早年的驻跸地黑城设置的镇，应为黑城镇。

黑城镇何时更名为怀朔镇？白灵淖城圐圙古城何时营建？史料均无明确记载，二者有可能发生于同一时期，营建了新的城邑，获得了新的名称。北魏六镇中，与怀朔名称相类似、带有“怀柔”色彩的镇名，还有抚冥、柔玄、怀荒、御夷等。怀荒镇出现较早，据《魏书·道武七王列传》记载：“浑弟比陵，太延五年为司空，赐爵牂牁公。除安远将军、怀荒镇大将。”[①]太延五年为公元439年，属于太武帝拓跋焘年号；怀荒镇镇址，经初步考证为今河北尚义县哈拉沟古城。

太武帝拓跋焘在位期间（公元424~451年），东征西讨，最终统一了中国北方，北魏开始有意识地树立其作为中国正统王朝的形象。在这种情形下，伴随着对阴山以北控制的加强，北魏在黑城镇北的纽垤川扩建镇城，并将具有北方游牧民族色彩的黑城改为具有“怀柔”意味的怀朔。纽垤川及黑城是道武帝早期的重要巡幸地，后来在此建镇城，在六镇中地位较高，也是顺理成章的。

五、光禄城：对《水经注》的辨析

《水经注》一书记述怀朔镇时，提到怀朔镇西南有光禄城。《水经注》在《水经》的“又东过临沃县南”一句下注曰：“河水又东流，石门水南注之，水出石门山。《地理志》曰：北出石门障。即此山也。西北趣光禄城。甘露三年，呼韩邪单于还，诏遣长乐卫尉高昌侯董忠，车骑都尉韩昌等，将万六千骑，送单于居幕南，保光禄徐自为所筑城也，故城得其名矣。城东北，即怀朔镇城也。其水自障东南流，径临沃城东，

① ［北齐］魏收：《魏书》卷十六《道武七王列传》，中华书局，1974年，第395页。

东南注于河。”[①]《水经注》描述的光禄城与怀朔镇，是一种相邻的西南—东北向关系。

《汉书》亦记载了光禄城。《汉书·地理志》“五原郡”条“稒阳”下注曰：“北出石门障得光禄城，又西北得支就城，又西北得头曼城，又西北得虖河城，又西得宿虏城。”[②]《汉书·宣帝本纪》提到了光禄城，甘露三年（公元前 51 年），匈奴呼韩邪单于第一次赴长安朝觐汉宣帝之后，“居幕南，保光禄城”[③]。同一事件，《汉书·匈奴传》的表述是：“单于自请愿留居光禄塞下，有急保汉受降城。”[④]

笔者曾撰《石门障寻踪》、《汉代五原塞考》二文，构拟了西汉时期五原郡的长城防御体系。[⑤]西汉五原郡境内共有四道长城防线，由南向北依次为阴山长城、阳山长城、汉外长城南线、汉外长城北线。阴山长城沿用自战国赵长城、秦始皇长城，是五原郡的主防线，自东向西设置有东、中、西三个部都尉管辖，其中东部都尉治稒阳县（今包头市土默特右旗大城西古城），东部都尉出塞的塞道在五当沟，沟中建有石门障。阴山长城、阳山长城之间为明安川，汉代称“五原北假”，西汉设置有北假田官，开展军事屯田，其中位于昆都仑河东岸的固阳县梅令山遗址就是一处重要的与屯田相关的遗址。五原郡辖区的阳山长城被称作五原塞，长城沿线可见东、西两个城都尉，分别屯驻于固阳县碾坊古城、乌拉特前旗增隆昌古城，二城均为边长约 315 米的方形城址。五原塞之北的汉外长城南线、汉外长城北线，合称光禄塞，

---

① ［北魏］郦道元著，陈桥驿校证：《水经注校证》卷三《河水》，中华书局，2007年，第78页。

② ［汉］班固：《汉书》卷二十八《地理志》，中华书局，1962年，第1620页。

③ ［汉］班固：《汉书》卷八《宣帝本纪》，中华书局，1962年，第271页。

④ ［汉］班固：《汉书》卷九十四《匈奴传》，中华书局，1962年，第3798页。

⑤ 张文平：《石门障寻踪》，《草原文物》2016年第2期；张文平：《汉代五原塞考》，《内蒙古文物考古》2018年第1期。

由光禄勋徐自为始筑于汉武帝太初三年（公元前 102 年），废止于汉宣帝地节二年（公元前 68 年），为单纯的军事性防区。

关于光禄城的具体位置，考古学家李逸友先生曾作专门考证，以为是增隆昌古城。[①] 增隆昌古城位于阳山长城南侧，属于五原塞西部的军事重镇，难以与光禄塞下的光禄城联系起来。再者，虽然增隆昌古城与白灵淖城圐圙古城在大方向是东西向的关系，但二者之间的直线距离达 45 千米，《水经注》则明确记载光禄城与怀朔镇是相邻的。

从《水经注》关于光禄城与怀朔镇的相对位置来看，黑山寨古城极有可能正是光禄城。西汉石门障在五当沟，从五当沟进入明安川，再西北行至昆都仑河，顺着昆都仑河北过阳山长城，出阳山长城后才算“北出石门障”，黑山寨古城即位于阳山长城外侧 10 千米左右。北魏立国之初，不可能于纽垤川独立建城，只是利用前朝城邑，登国六年（公元 391 年）道武帝巡幸的黑城应该就是光禄城。光禄城是原本的城邑名称，黑城是北方游牧民族一种新的叫法，如明代的归化城与库库和屯（蒙古语“青城”）一样。黑城旁侧的昆都仑河，在《水经注》中未见记载，推测当时可能叫黑水。

汉代城址一般不建马面，黑山寨古城的城墙可能建于西汉时期，而城墙上的马面则是北魏时期加筑的。北魏有沿用汉代城址的现象，如增隆昌古城，在北魏时期被加筑为沃野镇与怀朔镇之间的一座戍城。当然，如果将来能够从黑山寨古城之中找到一些汉代遗物，就更能说明问题了。

光禄城是西汉光禄塞东端的一座中心军事城邑，而受降城是光禄塞西北端之外的一座城邑。匈奴呼韩邪单于附汉后，留居光禄塞下，平时可驻光禄城，一旦有危急情况，则可保受降城。于是，北出石门

---

① 李逸友：《汉光禄城的考察》，《内蒙古文物考古》总第3期，1984年。

障的支就、头曼、虖河、宿虏四城，应当位于光禄城与受降城之间，可能均为呼韩邪单于驻牧光禄塞下时西汉王朝为其修筑的守边军事性城邑。

六、小结

北魏末年爆发的六镇起义，直接摧毁了北魏王朝的统治根基，对历史进程产生了重要影响。历史学界对六镇的研究，多关注于六镇的社会结构以及导致六镇起义的社会矛盾诸方面，而对于六镇军事防御体系的形成过程及相关历史地理方面的研究成果不多。直至今天，学界仍然对六镇究竟是哪六镇争论不休。

近年来，考古工作者在燕山—阴山南北陆续新发现了许多北魏城址，对这些城址的认识也在不断深入。所以，从考古学的角度入手研究北魏北疆地区的军镇防御体系，意义显得尤为重要。作为历史上第一个入主中原的北方游牧民族王朝，如何防御新兴的北疆游牧民族，其防御体系是如何一步步构筑起来的，其防御形态的主要特点是什么，都值得认真探讨和总结。

作为北魏六镇中较为重要的一个镇城，怀朔镇从设镇到改名，再到最后升格为朔州，反映了北魏统治者的北疆治理策略不断调整、变化的过程。在调查黑山寨古城时，还于周边调查发现有希讷哈日敖包烽戍、楞子圐圙烽戍、德成永烽戍、希拉哈达烽戍、塔布敖包烽戍、脑包湾烽戍、浩庆敖包山烽戍、公中渠烽戍和脑包山烽戍9座同时期的烽戍遗址，构成了怀朔镇最基层一级的军事组织单位，起到传递信息和保卫怀朔镇的双重功用（图8–4、图8–5）。黑山寨古城及周边烽戍的新发现，极大地丰富了怀朔镇防御组织结构的内涵。

图 8–4　怀朔镇周边遗存分布示意图

图 8-5（a）　希拉哈达烽戍（东南—西北）

图 8-5（b）　浩庆敖包山烽戍（西—东）

第九章　武川镇

北朝后期，在六镇起义风云的裹挟之下，从怀朔镇、武川镇走出的豪强、武士们，在中原大地叱咤风云，分别形成了以高欢为首的怀朔集团、以宇文泰为首的武川集团，前者为东魏、北齐二朝的统治核心，后者为西魏、北周二朝的统治核心。

前文已介绍了怀朔镇镇城在今包头市固阳县白灵淖城圐圙古城。而关于武川镇镇城的位置，仍然争议较大；武川镇的具体设置时间，史料亦无明确记载。对于这些问题，笔者综合运用历史学、考古学、历史地理学的研究方法，试作初步考辨。

一、武川镇设置时间

北魏六镇中，怀朔镇在《魏书·地形志》中有明确的设置时间，为延和二年（公元 433 年）。[①]《魏书》提到武川镇，已晚至皇兴四年（公元 470 年）。这一年，献文帝拓跋弘率大军亲征柔然，诸路大军会师于女水之滨，取得大胜。《魏书·蠕蠕传》记载曰："旬有九日，往返六千余里，改女水曰武川，遂作《北征颂》，刊石纪功。"[②]而《魏书·高允传》则将《北征颂》记作《北伐颂》，并明确其为高允所作。《魏书·高允传》记载作《北伐颂》的地点在武川镇，"后允从显祖北伐，大捷而还，至武川镇，上《北伐颂》"[③]。武川一名，显然由女水而来，武川镇应该建立于女水之战后不久，并当位于女水之滨。武川的"川"，指河流，与北朝时期很多"川"指平川、盆地有所不同。

---

① ［北齐］魏收：《魏书》卷一百六《地形志》，中华书局，1974年，第2498页。

② ［北齐］魏收：《魏书》卷一百三《列传第九十一》，中华书局，1974年，第2295页。

③ ［北齐］魏收：《魏书》卷四十八《列传第三十六》，中华书局，1974年，第1085页。

《魏书·高允传》中武川镇的提法，可能属于后来的追记，但为考察武川镇位于女水之滨提供了重要的史料依据。

孝昌年间（公元525~527年），六镇统一改镇为州。据《魏书·酷吏列传》记载："肃宗以沃野、怀朔、薄骨律、武川、抚冥、柔玄、怀荒、御夷诸镇并改为州，其郡县戍名令准古城邑。"[①] 此时的六镇，数量仍是八个，唯一的变化是赤城镇为御夷镇所取代。由于六镇起义愈演愈烈，州郡制并未能够在六镇间真正实行，但《周书》记载的很多六镇人往往以改名后的州郡作为自己的籍贯。如武川镇，改为朔州神武郡，下辖尖山、殊颓二县。[②]《周书·列传第十一》记载："杨忠，弘农华阴人也。小名奴奴。高祖元寿，魏初，为武川镇司马，因家于神武树颓焉。"[③] 神武树颓，即《魏书·地形志》记载的神武郡殊颓县，魏初不会有神武郡树颓县，"武川镇司马"也只是一种追述而已。有人依据此条史料，认为北魏初年已设武川镇，显然是不具有说服力的。

二、武川镇镇城

关于武川镇镇城，通过《魏书》记载中的蛛丝马迹，大体可推断，其应位于女水之滨。太和十八年（公元494年），孝文帝北巡，从怀朔镇返回平城，依次途经武川、抚冥、柔玄三镇，也为武川镇镇城提供了一个相对位置所在。

抚冥镇镇城，一般认为是位于今乌兰察布市四子王旗乌兰花镇东南约6千米处的乌兰花土城子古城。在怀朔镇镇城与抚冥镇镇城之间，目前调查发现有武川县二份子古城、包头市达尔罕茂明安联合旗希拉

① ［北齐］魏收：《魏书》卷八十九《酷吏列传》，中华书局，1974年，第1925页。

② ［北齐］魏收：《魏书》卷一百六《地形志》，中华书局，1974年，第2499页。

③ ［唐］令狐德棻等：《周书》卷十九《列传第十一》，中华书局，1971年，第314页。

穆仁城圐圙古城两座北魏城址。《魏书·高祖纪》对孝文帝北巡行程有如下记载："癸丑，幸怀朔镇。己未，幸武川镇。辛酉，幸抚冥镇。甲子，幸柔玄镇。乙丑，南还。"[①] 由此段记载可见，怀朔镇是孝文帝此次北巡阴山的最后目的地，他在怀朔镇逗留的时间较长，后来只是一路向东，途经了武川、抚冥、柔玄三镇，最后从柔玄镇南还平城。孝文帝东归途中，从武川镇到抚冥镇用了两天时间，从抚冥镇到柔玄镇用了三天时间。二份子古城东距希拉穆仁城圐圙古城的驿程距离约48千米，希拉穆仁城圐圙古城东距乌兰花土城子古城的驿程距离约60千米，如果按照孝文帝一天走30~40千米的驿程计算，从二份子古城到乌兰花土城子古城至少需要走三天，从希拉穆仁城圐圙古城到乌兰花土城子古城需要走两天，只有希拉穆仁城圐圙古城符合武川镇至抚冥镇的驿程距离。

希拉穆仁城圐圙古城位于达尔罕茂明安联合旗希拉穆仁镇所在地西约2.5千米的召河河谷之中，北临召河，南有召河支流哈日乌苏河。城址由大城、小城和南城三部分组成。大城和小城东西排列，间距约85米；大城东墙北端延伸出的一道垅状墙东向环绕，与小城北墙平行分布，再与小城东墙相连；南城位于大城南侧。大城除东南角斜收外，平面大致呈长方形，东西长约436米，南北宽约410米。夯筑城墙，现存墙体底宽6~10米，顶宽2~3米，残高1~2米。城墙西北、西南两角和东南两角有角台址。墙上附设马面，北墙3座，西墙在西门南、北各设一座。东、南、西三墙中部各设一门，门两侧为凸起的墩台，门址均宽约5米，南门方向为176°。城内除东北角外，其他大部分地区隐现南北向成排的建筑基址，轮廓较模糊。城内西南隅有一子城，西墙、南墙借用大城城墙，另筑北、东两面

---

① ［北齐］魏收：《魏书》卷七《高祖纪》，中华书局，1974年，第174页。

城墙。子城平面呈长方形，东西长约 205 米，南北宽约 194 米。子城北墙中部辟有一门，东墙中部有现代道路穿过，也疑似为原初门址所在。子城内东北部呈三角形分布 3 处凸起的圆形建筑基址，规模大体相同，直径约 15 米，高约 0.6 米。小城居东，平面大体呈北窄南宽的梯形，中部偏北一道东西向隔墙将城址分作南、北两城。小城南北通长约 228 米，东西北墙宽约 80 米，南墙宽约 123 米。夯筑城墙，现存墙体底宽 5~8 米，顶宽 1~2 米，残高约 1.5 米。城墙东北、东南两角有角台址。北城辟东门，门址宽约 6 米，外筑方形瓮城，瓮城门直开。南城辟南门，门址宽约 5 米，外筑方形瓮城，瓮城门东开。小城北墙和西墙外均有护城壕。南城接筑于大城南侧，西墙与大城西墙处于同一条直线之上，北墙则利用了大城南墙，不见东墙。西墙保存完整，长约 170 米；南墙为略呈西南—东北向的斜墙，通至哈日乌苏河西岸，长度与西墙略等（图 9–1、图 9–2、图 9–3）。

北魏六镇镇城多为双城或三城并列式结构。[①]从形制上来看，希拉穆仁城圐圙古城符合一个镇城的规模。位于希拉穆仁城圐圙古城北侧的召河，可与《魏书》记载的女水相对应。弱洛水在女水之东，比对这一区域之内的河流，弱洛水似为流经抚冥镇的大黑河，大黑河与召河均注入由南向北而流的希拉穆仁河。今天，召河被认为是希拉穆仁河的源头，而在北魏时期，大黑河被视为希拉穆仁河的源头，弱洛水即为希拉穆仁河，女水为弱洛水支流。《周书·邵惠公颢传》记有“武川南河”[②]一名，亦可与召河支流哈日乌苏河相对应。

---

① 张文平：《北魏柔玄镇地望新考》，《北方文物》2021年第5期。

② ［唐］令狐德棻等：《周书》卷十《列传第二》，中华书局，1971年，第153页。

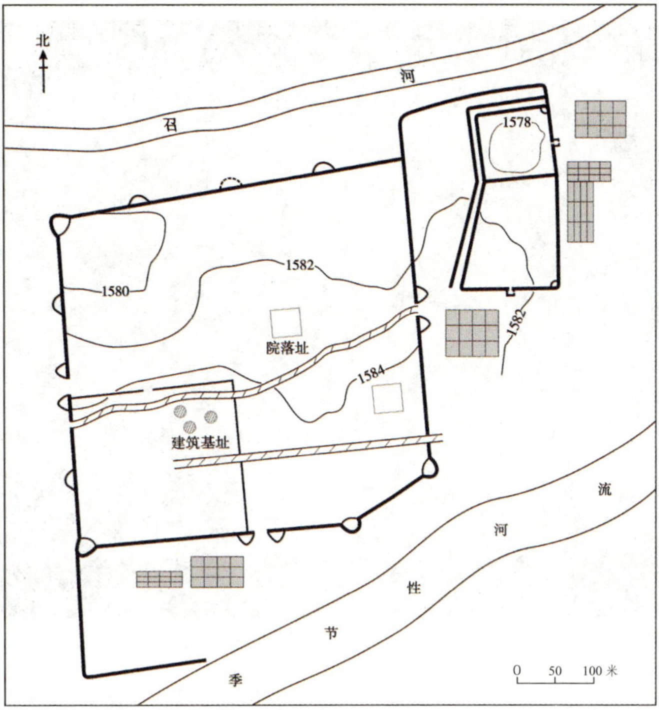

图 9–1　希拉穆仁城圐圙古城平面示意图

图 9–2　希拉穆仁城圐圙古城局部，北侧为希拉穆仁河

图 9–3　希拉穆仁城圐圙古城大城东北角与小城

女水之战前，弱洛水流域归属云中镇管辖；女水之战后，为了加强这一区域的防务，北魏在改名为武川的女水之滨设置武川镇，在弱洛水上游设置抚冥镇，原云中镇在大青山以北的辖区归属新建二镇统辖，云中镇防区退缩于大青山以南。后来，由于云中镇军事防御功能的弱化，镇级军事建制被撤，保留朔州；云中镇本与朔州同治，撤镇后改为朔州盛乐郡，为朔州州治；朔州除州治盛乐郡外，还有云中郡，治今呼和浩特市和林格尔土城子古城。

正始二年（公元 505 年），大将源怀统领六镇，通过加筑戍城，增强防御能力。二份子古城西南距白灵淖城圐圙古城的驿程距离约 60 千米，东距希拉穆仁城圐圙古城的驿程距离约 48 千米，正是起到呼应怀朔镇与武川镇作用的一座戍城。二份子古城平面大致呈长方形，只有东北角城墙为躲避河流而修筑成内抹状，整体南北长约 760 米，东西宽约 725 米（图 9–4）。古城东北方向有自南向北而流的巴拉干河，水流较小；从所倚河流规模来看，二份子古城也不应是六镇镇城所在。

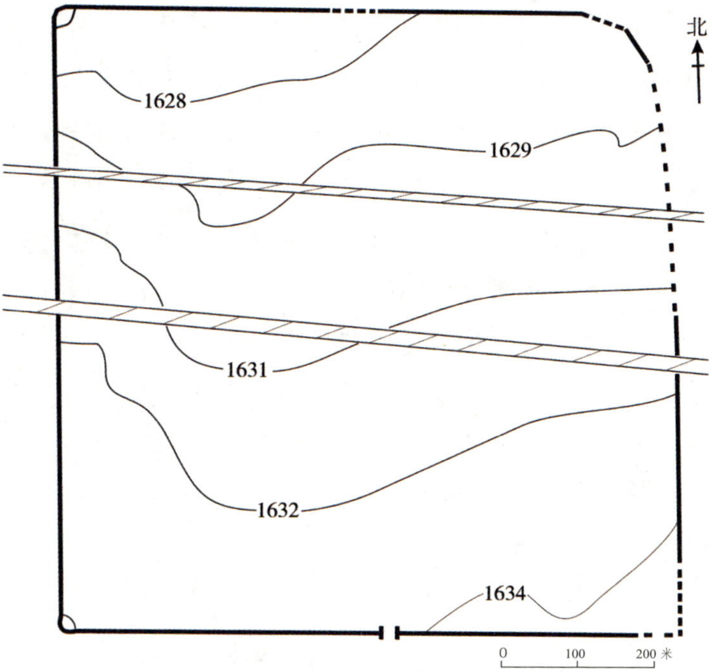

图 9–4　二份子古城平面示意图

对于武川镇镇城，还有一处史料上的异议，就是《水经注》提到武川镇城位于白道中溪水之畔。据《水经注·河水》记载："（白道中溪）水发源武川北塞中，其水南流，径武川镇城，城以景明中筑，以御北狄矣。"[①] 白道中溪水为现今的乌素图水，其源头在今武川县县城一带。《水经注》又记载白道中溪水流经武川镇城后进入山谷中，阿计头殿位于河谷西侧的山顶之上。阿计头殿已考证为土城梁古城，《水经注》记载的"武川镇城"当位于乌素图水流域、今天武川县县城可可以力更镇附近一带；《水经注》所言的"武川镇城"修筑于景明中，景明是北魏宣武帝元恪的第一个年号，在公元 500 年至 504 年之间。武川镇的建立，当然不会晚到景明年间。《水经注》此处记载

① ［北魏］郦道元著，陈桥驿校证：《水经注校证》卷三《河水》，中华书局，2007年，第79页。

可能有缺漏，北魏修筑的或是武川镇之下的一座戍城，而非武川镇本身。还有一种可能是，武川镇改镇为州时，武川镇镇城改为神武郡殊颓县，而白道中溪水旁侧的戍城改为神武郡郡治尖山县，从而导致《水经注》误以为白道中溪水旁侧的戍城最早就是武川镇镇城所在。

还有一种观点认为白道中溪水为抢盘河，将位于抢盘河流域的东土城古城或者下南滩遗址推断为武川镇。东土城古城位于武川县东土城村南侧，向南正对抢盘河北谷口，古城本身为一座元代城邑；东土城村北侧可见一座北魏时期的烽戍遗址，即东土城烽戍。下南滩遗址位于可可以力更镇西南约 6 千米处的抢盘河支流昆都仑河两岸，初步推断为孝文帝太和十八年（公元 494 年）北巡“幸阅武台，临观讲武”[①]的阅武台。

三、武川镇辖区

北魏六镇的设置，有镇戍归降的高车等游牧部落与防御柔然的双重功能。布列于阴山之北的怀朔、武川、抚冥、柔玄、怀荒等镇，均处于漠南农耕区与游牧区的分界线之上，镇城以南由镇民从事农业生产活动，镇城以北为高车等游牧部落。譬如，怀朔镇以南为明安川，汉代称“五原北假”，设置有北假田官管理军事屯田，北魏初年即在这一地区开始组织农业生产活动，而怀朔镇镇城所在的白灵淖盆地为“天苍苍，野茫茫”的敕勒川。武川、抚冥二镇镇城位于希拉穆仁河流域南端，向北为游牧区，二镇辖区大致以希拉穆仁河主河道为界；武川镇的农耕区，东端在白道中溪水流域，西端可至庙沟以东一带，这也是今天武川盆地的主要地理范围。

① ［北齐］魏收：《魏书》卷七《高祖纪》，中华书局，1974年，第174页。

一般镇城之间，驿程距离都在100千米以上，正始二年（公元505年），北魏于镇城间设置了起到串联作用的戍城。武川镇与抚冥镇，由于设置较晚，且由于相互距离较近，二者之间尚未发现戍城。武川镇与怀朔镇之间的二份子古城，位于庙沟以西，属于怀朔镇管领的戍城。据《魏书·地形志》记载，怀朔镇改镇为州后，朔州下辖广宁郡，广宁郡领狄那、捍殊二县[①]，狄那县在原怀朔镇镇城，捍殊县似在二份子古城。

依据《水经注》的记载，初步推断白道中溪水流域、今天可可以力更镇附近分布有一座归属武川镇管辖的戍城，城池始筑于景明年间（公元500~504年）。从武川盆地处于武川镇与阴山之间地理位置的重要性来看，位于白道中溪水旁侧的这座戍城，似为来大千"镇云中，兼统白道军事"期间设置于白道中溪水流域北部的军事据点，早期归属云中镇管领，后来划入武川镇，公元6世纪初修筑了城墙，孝昌年间（公元525~527年）改镇为州时建制为神武郡尖山县，为神武郡郡治所在。今可可以力更镇东南、乌素图水流经的大青山山谷称作什尔登口子，什尔登（serdeng）为蒙古语"尖山"之意，这座尖山指位于什尔登口子西南的一座尖顶小山。北魏神武郡尖山县与今什尔登山是否存在古今地名的对应关系，由于目前由于尚未发现具体城邑，只能算作一种推测。

从武川盆地向南，进入大青山之中，目前发现了两座北魏皇帝行宫，自东向西为土城梁古城（阿计头殿）、圪塔古城（广德宫），均位于武川县境内。武川、抚冥二镇的设立，保卫了武川盆地，保卫了阴山行宫，也保卫了呼和浩特平原。

---

① ［北齐］魏收：《魏书》卷一百六《地形志》，中华书局，1974年，第2498—2499页。

四、武川镇的交通

曹魏甘露三年（公元258年），拓跋鲜卑部自长川迁于定襄之盛乐，之后长期以呼和浩特平原为活动中心，拓跋什翼犍时期开始营建宫室城邑，于大黑河南岸东建盛乐城、西营盛乐宫。盛乐城旧址为今呼和浩特市赛罕区西达赖营古城，向北通过哈拉沁沟连接阴山南北；盛乐宫位于今呼和浩特市托克托县战国、秦汉云中故城，向北通过抢盘河河谷连接阴山南北。阴山山后活动的，往往是拓跋部的联盟部落，如贺兰部。建国三十九年（公元376年），前秦进攻代国，什翼犍曾率领国人避难于阴山之北。

登国元年（公元386年），拓跋珪于牛川复国，四处征伐。据《魏书·太祖纪》记载，登国五年（公元390年）冬十二月，“帝还次白漠”[①]。这里的白漠，指的应是武川盆地，这也是武川盆地第一次以明确的地名出现于正史记载之中。

武川盆地何以为白漠？据《魏书·蠕蠕传》，始光二年（公元425年），太武帝拓跋焘征伐柔然，“东西五道并进：平阳王长孙翰等从黑漠，汝阴公长孙道生从白黑两漠间，车驾从中道，东平公娥清次西从栗园，宜城王奚斤、将军安原等西道从尔寒山。诸军至漠南，舍辎重，轻骑赍十五日粮，绝漠讨之，大檀部落骇惊北走”[②]。东西五道中，黑漠指灰腾梁以西、哈拉沁沟以东的大青山山地丘陵区域，黑白两漠间则指向了哈拉沁沟。这样，哈拉沁沟以西的武川盆地即为白漠。

① ［北齐］魏收：《魏书》卷二《太祖纪》，中华书局，1974年，第23页。

② ［北齐］魏收：《魏书》卷一百三《列传第九十一》，中华书局，1974年，第2292页。

定都平城之后，北魏早中期的皇帝几乎每年夏天都要巡幸圣都盛乐与阴山，以致形成了固定的“阴山却霜”之俗。北魏时期，沟通呼和浩特平原与武川盆地之间的大青山山间通道，自东向西有哈拉沁沟、白道、抢盘河、庙沟，均可通马车。太武帝拓跋焘于始光二年（公元 425 年）征伐柔然的五道，中道可能为白道，中道以西的栗园可能为抢盘河道，西道尔寒山可能为庙沟道。西达赖营古城北对哈拉沁沟南谷口，出哈拉沁沟北口，向北正对抚冥镇；哈拉沁沟北口与抚冥镇之间，调查到有两座起到串联作用的烽戍，由南向北依次为哈乐烽戍、西河子烽戍。古城村古城北对抢盘河南谷口，出抢盘河北口，直对东土城烽戍，再向北即为武川镇。从古城村古城通过抢盘河的南北向线路，与六镇的东西一线相交汇之处，正是武川镇镇城所在。

《水经注》记载白道较为详细，曰：“芒干水又西南径白道南谷口，有城在右，萦带长城，背山面泽，谓之白道城。自城北出有高阪，谓之白道岭。沿路惟土穴，出泉，挹之不穷。余每读《琴操》，见《琴慎相和雅歌录》云：饮马长城窟。及其跋涉斯途，远怀古事，始知信矣，非虚言也。顾瞻左右，山椒之上，有垣若颓基焉。沿溪亘岭，东西无极，疑赵武灵王之所筑也。”[①] 从《水经注》的记载来看，郦道元曾走过白道，这应是发生在太和十八年（公元 494 年）随孝文帝北巡时的事情。

今天考察北魏白道的路线，在大青山前山地带，可分为东、西两道。东道从坝口子古城顺着山间谷地向西北而行，在焦赞坟村附近向西上山，顺着山脊北行至蜈蚣坝坝顶；西道自古城村古城向北而来，经毫赖沟一线上山，与东道在蜈蚣坝坝顶汇合。过蜈蚣坝依然为白道，

① ［北魏］郦道元著，陈桥驿校证：《水经注校证》卷三《河水》，中华书局，2007年，第79页。

首先顺着今天坝顶村村中的一条东西向沟谷西行而下，进入乌素图沟，再顺着乌素图沟东岸向北而去，经由什尔登口子进入武川盆地，一直通往武川镇。宋人乐史《太平寰宇记》记述白道，认为其得名与道路颜色有关："白道川当原阳镇北，欲至山上，当路有千余步地，土白如石灰色，遥去百里即见之，即是阴山路也。"[①]在大青山南坡，从坝口子村至焦赞坟村，白道穿行于沟谷之中，自焦赞坟村到坝顶的道路则穿行于山脊之上。位于山脊之上的道路土色发白，但并不能够远远望见，《太平寰宇记》对于白道一名由来的记述，并不完全可信。过蜈蚣坝之后，穿行于白道中溪水旁侧的道路也叫白道。北魏早期，武川盆地名为白漠，由白漠通往阴山的道路因之得名白道，这也是非常有可能的。

北魏时期，白道的重要性高，名气也大，哈拉沁沟、抢盘河、庙沟均次之。自此，白道声名鹊起，于历史上长期被赋予重要地位。到隋唐时期，史籍多见白道之名，呼和浩特平原甚至被称作白道川。

在东西方向的交通上，从武川镇向西，经二份子古城可至怀朔镇，自怀朔镇再向西可至沃野镇，自沃野镇走黄河水路可至薄骨律镇。从武川镇向东，顺着孝文帝太和十八年（公元494年）北巡返回平城的路线，可至抚冥镇、柔玄镇。从柔玄镇向东南经白音察干古城，经灰腾梁东麓、黄旗海东南回到平城，这一条道路也是北魏早期道武帝拓跋珪、明元帝拓跋嗣自平城北巡阴山的传统驿路之一。

从武川镇顺着希拉穆仁河向北，通往漠北的道路有中道和西道。中道向东北而行，经由今乌兰察布市四子王旗与锡林郭勒盟苏尼特右旗交界处的大红山、今蒙古国东戈壁省省会赛音山达市，可行至肯特

---

① ［北宋］乐史：《太平寰宇记》卷四十九《冀州图》，中华书局，2007年，第1035—1036页。

山西麓一带；西道由希拉穆仁河向西转至艾不盖河流域，再继续西行，经西汉以来的受降城，可抵达杭爱山东麓一带。柔然从漠北南下漠南，或经由中道，或经由西道，所以武川镇、抚冥镇对于北魏防御柔然是极为重要的。

五、武川集团的辨析

史学大师陈寅恪先生有“杨隋、李唐非出自六镇”之论，认为：“北齐高氏出自怀朔镇，六镇军人为高氏所得，高齐由此建立。北周宇文氏出自武川镇。凡此旧史均有明文，毋庸置疑。或谓杨隋、李唐亦出自六镇，此种看法难于成立。”[①]对杨隋、李唐的籍贯，陈寅恪有详细论述，杨忠高祖杨元寿、李虎祖父李熙均曾为武川军人，但并非长期定居武川，所以他们的籍贯不在武川。

西魏权臣、北周王朝的奠基者宇文泰，《北史》记作“代郡武川人”，《周书》记作“代武川人”。这里的代、代郡，是一种郡望的追述，与拓跋鲜卑在盛乐建代国、后来的北魏王朝又兼称大代有关，并非指武川镇在北魏时期归属代郡管辖。北周统治者宇文氏出自武川镇，这是没有疑义的。西魏、北周的军阀统治集团——武川集团，代表人物就是宇文泰，他的地位类似于曹操。

《北史》《周书》《隋书》等史籍在记述武川集团军人的籍贯时，有“代武川人”“代郡武川人”“神武树颓人”“神武尖山人”等说法。如前文所述，神武殊颓指的是武川镇镇城，神武尖山应是位于武川盆地白道中溪水旁侧的戍城。武川盆地戍城虽建城较晚，但建

---

① 万绳楠整理：《陈寅恪魏晋南北朝史讲演录》，贵州人民出版社，2007年，第244—246页。

制设立较早，农耕地区人口也多，所以武川集团军人中不乏“神武尖山人”，如贺拔氏兄弟、侯渊等。此外，很多武川集团的军人来自云中朔州，这与武川镇在建镇之前归属云中镇管辖、建镇之后又归属朔州管辖有关。

六、小结

自北方游牧民族兴起之后，其与中原农耕民族之间的对抗与融合延绵不息，在中国历史发展长河中掀起一个又一个巨浪。

在东亚大陆之上，北方游牧民族与中原农耕民族之间的东西分界线，自北向南主要有三条，最北面为大漠，居中为阴山—燕山山脉，靠南为黄土丘陵区。战国以来，中原王朝采取的防御北方游牧民族的方式，主要可分为三种形态：第一种是修筑长城，在长城沿线建立完备的军事防御体系，如战国秦汉长城、辽金界壕、明长城等；第二种是军镇加游防，将固定的军事城邑与游牧部落、游军相结合，如北魏六镇、唐代以三受降城为代表的军镇、西夏军司城寨等；第三种是采取羁縻的策略，以北方游牧部族作为边防屏障，以清代的盟旗制度最具代表性。这三种防御形态，在不同的历史时期，依托不同的农牧分界线，形成不同的防御体系。

建立六镇之后，北魏王朝与柔然以大漠为界，六镇布列于漠南东西一线。六镇的建镇位置，多选择在阴山—燕山山脉以北、大漠以南的中间位置，这样便于南北方向上的掌控，镇城以南多为农耕区，镇城以北为高车等部落游牧区；毗邻镇城，相互之间的驿程距离多在 100 千米以上，至少为三天的驿程，公元 6 世纪初又在镇城间加筑了戍城，便于协同防御；六镇向南，绝大部分为穿越阴山—燕山山脉的交通孔道所在。

云中川是拓跋鲜卑的龙兴之地，北魏时期有盛乐旧都、云中旧宫、金陵和宗庙在此，为了加强这一地区的防御，北魏在圣都盛乐之地设朔州，建云中镇，朔州刺史兼云中镇大将，级别要高于六镇；云中镇将“兼统白道军事”，管领大青山之后的武川盆地直至希拉穆仁河流域军事，大青山之中建有魏帝行宫。皇兴四年（公元470年）女水之战后，北魏在女水及弱洛水上游分别设武川镇、抚冥镇，取代了云中镇在这一地区的防务。云中镇撤治后，朔州刺史对武川镇的管领作用依旧存在，朔州刺史或都督沃野、怀朔、武川三镇三道诸军事，或都督怀朔、武川、抚冥三镇三道诸军事。

从南北控扼的角度上来看，武川镇只能位于武川盆地北缘、希拉穆仁河上游之地，而不可能紧靠大青山北麓。位于大青山北麓的城邑，往往是自呼和浩特平原北出大青山的商贸集镇，如清代晚期以来兴起的今武川县县城可可以力更镇。

第十章　柔玄镇与怀荒镇

柔玄镇是北魏六镇的重要镇城之一，关于其治城所在，一直存有争议。魏隽如、张智海《北魏柔玄镇地望考述》一文认为今河北张家口市尚义县哈拉沟古城为柔玄镇旧址。[①] 该文发表之后，影响较大，普遍认为柔玄镇即在此城，哈拉沟古城于2006年由国务院公布为第六批全国重点文物保护单位。日本学者松下宪一的研究、河北师范大学历史文化学院等单位的调查成果，均沿袭了这一观点。[②]

魏隽如、张智海文重点是对哈拉沟古城调查成果进行了介绍，认为其符合北魏镇城的规模，在史料学上，仅采用《水经注》的一条史料，而没有提及《魏书》的相关记载，尤其是记载了太和十八年（公元494年）孝文帝北巡，由柔玄镇返回平城，对于柔玄镇的定位价值极大，魏隽如、张智海文却避而不谈。

考证柔玄镇镇城，《魏书》是第一手史料，首先需要从《魏书》的相关记载出发，全面分析六镇镇城的总体布局，结合新的考古学成果，予以客观辨析。

一、柔玄镇的位置

为迁都洛阳，太和十八年（公元494年）孝文帝北巡盛乐圣都，拜谒金陵，先后抵达朔州、怀朔镇，最后经武川、抚冥、柔玄三镇返回平城。[③]

---

① 魏隽如、张智海：《北魏柔玄镇地望考述》，《北方文物》2009年第1期。

② （日）松下宪一：《试论北魏六镇地望》，《北方民族考古》第3辑，科学出版社，2016年；河北师范大学历史文化学院、北京大学考古文博学院、张家口市文物考古研究所：《尚义土城子遗址调查、钻探与试掘简报》，《西部考古》第16辑，科学出版社，2019年。

③ ［北齐］魏收：《魏书》卷七《高祖纪》，中华书局，1974年，第174页。

怀朔镇在今包头市固阳县白灵淖城圐圙古城，从白灵淖城圐圙古城向东，今天内蒙古境内发现的北魏城址，依次为呼和浩特市武川县二份子古城、包头市达尔罕茂明安联合旗希拉穆仁城圐圙古城、乌兰察布市四子王旗乌兰花土城子古城、库伦图古城、察右中旗元山子古城、察右后旗克里孟古城、白音察干古城。从白音察干古城向东，就是哈拉沟古城。

从白灵淖城圐圙古城到哈拉沟古城，共分布有 9 座北魏城址（可见于图 7–1）。在长城资源调查中，研究者对内蒙古境内的 8 座北魏城址均作了实地调查，除白音察干古城形制破坏不清外，其他城址均测绘了平面图（图 10–1）。从形制与规模来看，9 座城址可划分为四个类型。

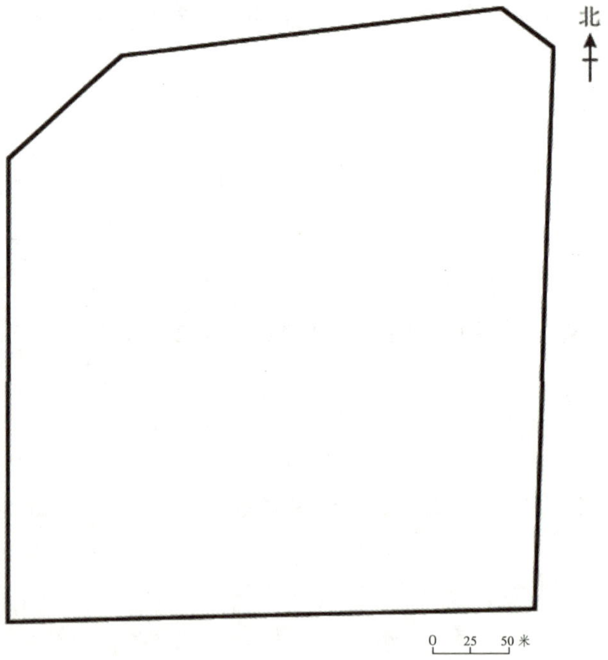

图 10–1（a） 哈拉沟古城平面示意图

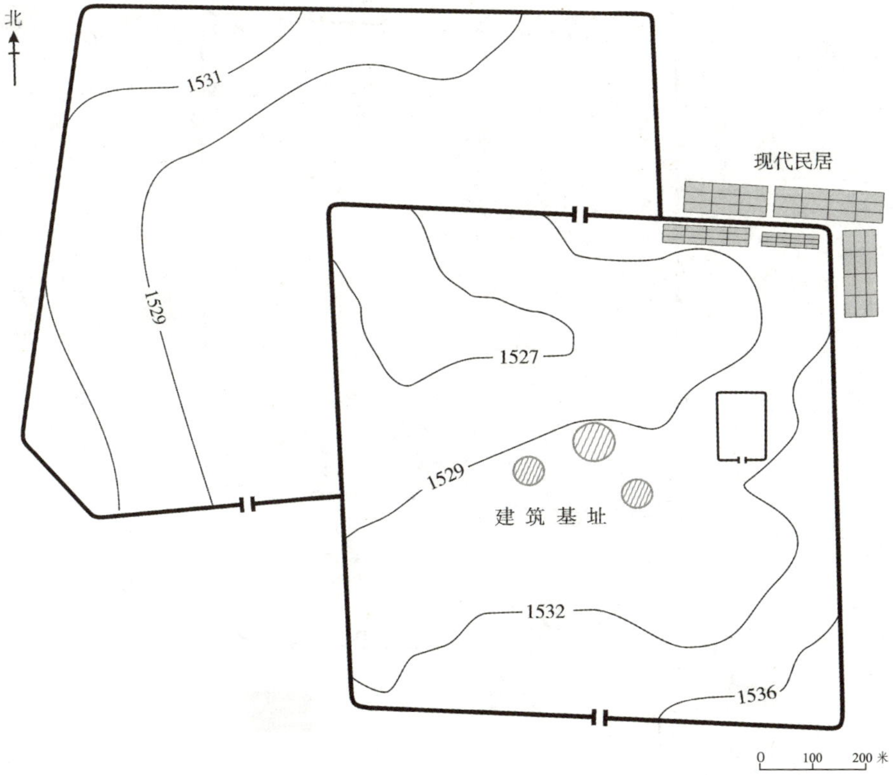

图 10–1（b）　乌兰花土城子古城平面示意图

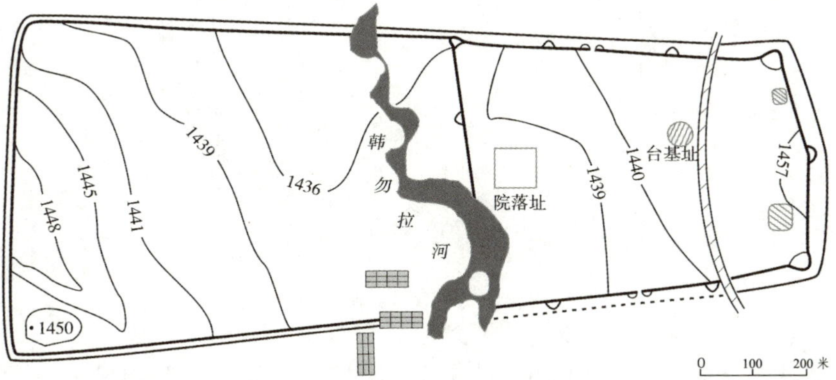

图 10–1（c）　克里孟古城平面示意图

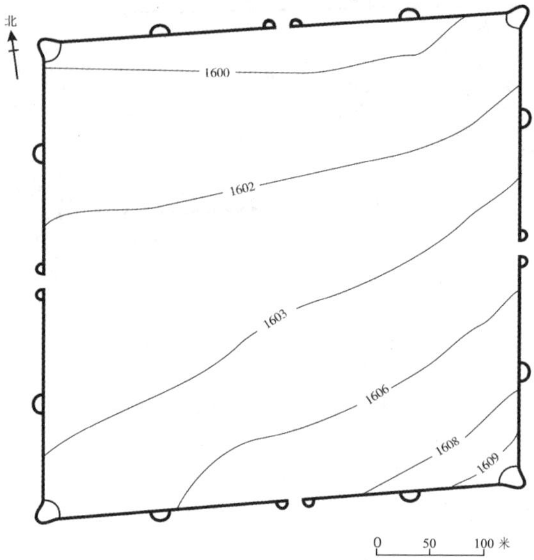

图 10–1（d） 库伦图古城平面示意图

图 10–1（e） 元山子古城平面示意图

A 型：2 座，白灵淖城圐圙古城、哈拉沟古城。均为单城，平面呈不规则多边形，周长在 4~5 千米之间。

B 型：2 座，希拉穆仁城圐圙古城、乌兰花土城子古城。均系多城结构。希拉穆仁城圐圙古城由大城、小城和南城三部分组成，大城西南隅有一子城。乌兰花土城子古城由东城、西城对接组成，西城连接于东城的西北端，东城城内东半部有长方形子城。

C 型：1 座，克里孟古城。为内、外城结构，外城平面呈近长方形的四边形，周长达 4 千余米；内城位于外城东部，周长近 2 千米。

D 型：4 座，二份子古城、库伦图古城、元山子古城、白音察干古城。均为单城，平面呈方形或长方形，规模普遍较小。二份子古城平面形制呈长方形，东北角城墙为躲避河流而修筑成内抹状，整体南北长约 760 米，东西宽约 720 米。库伦图古城平面略呈方形，边长在 450 米左右。元山子古城平面呈略倾斜的长方形，南北长约 400 米，东西宽约 350 米。调查时，白音察干古城已在城镇建设中遭到完全损毁，地表难辨遗迹；据地方文物工作者回忆，在公元 20 世纪 80 年代开展的第二次全国文物普查中，城垣四至尚可辨识，平面呈方形，边长约 500 米。

从四型城址的规模来看，A、B、C 三型虽结构有所差异，但均规模较大，其军事建制与六镇有关。希拉穆仁城圐圙古城，前文已考证为武川镇镇城[①]；乌兰花土城子古城，早年间已考证为抚冥镇，学界争议不大[②]。如果按此顺序排下去，克里孟古城（图 10-3）为柔玄镇，哈拉沟古城则为怀荒镇。

D 型城址结构单一，规模也较小，除二份子古城周长近 3 千米外，

---

① 包头市文物管理处、达茂旗文物管理所：《达茂旗希日穆仁城圐圙古城调查》，内蒙古文物考古研究所编：《内蒙古文物考古文集》第二辑，中国大百科全书出版社，1997年。

② 张郁：《内蒙古大青山后东汉北魏古城遗址调查记》，《考古通讯》1958年第3期；李兴盛、赵杰：《四子王旗土城子、城卜子古城再调查》，《内蒙古文物考古》1998年第1期。

其他三座城址周长均在 2 千米之内。据《魏书·源贺传》记载，宣武帝元恪正始年间（公元 504~508 年），大将源怀出镇阴山，曾上书于六镇间“筑城置戍，分兵要害，劝农积粟”，“世宗从之。今北镇诸戍东西九城是也”。[①]D 型城址，与公元 6 世纪初修筑的六镇间戍城有关。

太和十八年（公元 494 年），孝文帝北巡，与柔玄镇相关记载如下：“癸丑，幸怀朔镇。己未，幸武川镇。辛酉，幸抚冥镇。甲子，幸柔玄镇。乙丑，南还。……戊辰，车驾次旋鸿池。庚午，谒永固陵。辛未，还平城宫。”[②]癸丑为阴历八月十一日，孝文帝抵达怀朔镇，己未（十七日）至武川镇。白灵淖城圐圙古城东距希拉穆仁城圐圙古城的驿程距离约 108 千米，二份子古城位于两城之间，孝文帝在怀朔镇短暂停留之后，再出发至武川镇。孝文帝辛酉（十九日）至抚冥镇，希拉穆仁城圐圙古城东距乌兰花土城子古城的驿程距离约 60 千米；孝文帝在武川镇住宿了一晚，第二天启程出发，用两天时间走到了抚冥镇。孝文帝一天走 30~40 千米，正好是相邻两个驿站之间的驿程距离。

乌兰花土城子古城东距克里孟古城的驿程距离约 108 千米，之间分布有库伦图古城、元山子古城，乌兰花土城子古城东北距库伦图古城的驿程距离约 33 千米，库伦图古城东距元山子古城的驿程距离约 40 千米，元山子古城东距克里孟古城的驿程距离约 35 千米。孝文帝从抚冥镇至柔玄镇，用了 3 天时间（二十日、二十一日、二十二日），按照每天 30~40 千米的驿程，正好从乌兰花土城子古城赶到克里孟古城。太和十八年（公元 494 年），库伦图古城、元山子古城尚不存在，

① ［北齐］魏收：《魏书》卷四十一《列传第二十九》，中华书局，1974年，第928页。
② 周杨：《北魏六镇防线的空间分析》，《中国国家博物馆馆刊》2017年第12期。

图 10-3　克里孟古城全景

但在公元6世纪初为这两座戍城选址时，可能就是在抚冥镇至柔玄镇之间的驿道传舍之上考虑，孝文帝在这两个地方均曾宿顿一晚。

克里孟古城东距哈拉沟古城的驿程距离约120千米。如果将哈拉沟古城定位为柔玄镇，其与乌兰花土城子古城的驿程距离达228千米，这是孝文帝无论如何也是无法在3天时间之内走到的。有的学者注意到了这一点，在不改变哈拉沟古城为柔玄镇看法的前提下，把武川镇镇城、抚冥镇镇城均作了东移，将乌兰花土城子古城视作武川镇，将克里孟古城视作抚冥镇。但这样的假设，又导致武川镇镇城至抚冥镇镇城之间的驿程距离超出了孝文帝两天的行程。

二、柔玄镇与平城之间的交通

孝文帝乙丑（二十三日）南还，戊辰（二十六日）抵达旋鸿池，庚午（二十八日）拜谒永固陵，辛未（二十九日）回到平城宫。从柔玄镇到平城宫，孝文帝总共用了7天时间。

西汉时期，平城是雁门郡平城县兼东部都尉治所，由平城向北至黄旗海为东部都尉塞道。北魏定都平城之后，在道武帝、明元帝两朝，西汉雁门郡东部都尉塞道成为皇帝北巡的主要驿道。道武帝天赐元年（公元404年），行幸平城北约50千米处的犲山宫[①]，从平城顺着如浑水（今在山西境内名为御河，在内蒙古境内名为饮马河）北上至犲山宫是两天驿程，当中需在方山永固陵附近宿顿一晚，传舍可能位于方山永固陵西北的祁皇墓村一带。旋鸿池是黄旗海之南的一座小湖泊，大体位置在今乌兰察布市丰镇市隆盛庄镇安家卜子村附近。

① ［北齐］魏收：《魏书》卷八十三《列传外戚第七十一》，中华书局，1974年，第1812页。

从丰镇市薛刚山至安家卜子村的驿程距离约 40 千米，是一个驿程。从安家卜子村向北，过隆盛庄镇东侧隘口，经黄旗海东岸的孤山（北魏蟠羊山）至黄旗海东北岸，再顺着黄旗海内流河泉玉林河北上，大体经今天 G208 国道集宁至白音察干段，至察右后旗白音察干镇东侧的白音察干古城，驿程距离 100 余千米，需要走 3 天。再从白音察干古城至克里孟古城，是一个驿程。这样加起来，从平城至克里孟古城正好是 7 天的驿程。

克里孟古城位于灰腾梁之北的韩勿拉河流域，以韩勿拉河流域为中心的这一片草原，北魏时期称作牛川，北魏初年为贺兰部驻牧地，登国元年（公元 386 年），道武帝在贺兰部的支持下于牛川复国。据《魏书·贺讷传》记载，道武帝登国六年（公元 391 年），“垂遣子麟讨之，败染干于牛都，破讷于赤城”[①]。这里的牛都，指的就是贺兰部在牛川的中心驻地，后燕皇帝慕容垂派大将慕容麟讨伐贺兰部，在牛都打败其部落大人贺兰染干。定都平城之后，道武帝对贺兰部采取了“部落离散”政策，部落民成为分土定居的编户齐民，牛川完全为北魏掌控。道武帝、明元帝在位期间，均曾多次巡幸牛川。

明元帝太常元年（公元 416 年），“秋七月甲申，帝自白鹿陂西行，大狝于牛川。登釜山，临殷繁水而南，观于九十九泉。戊戌，车驾还宫”[②]。这一则史料涉及牛川周边的几处重要地名。白鹿陂可能指张家口市尚义县与乌兰察布市商都县交界处的察汗淖尔；釜山指位于乌兰察布市察右后旗境内的乌兰哈达火山，以山顶形为下陷锅底状而得名，位置在牛川之东、白音察干古城之北一带；从釜山—牛川东西一线向南至灰腾梁，之间有众多发源于灰腾梁的小河，形成纵横交错的乱流河，

① ［北齐］魏收：《魏书》卷三《太宗纪》，中华书局，1974年，第56页。

② 石坚军：《元代燕只哥赤斤、红城屯田千户所地望新考》，《中国历史地理论丛》2017年第2期。

小型湖泊星罗棋布，这就是殷繁水，殷繁即众多之意；九十九泉位于灰腾梁之上，是一个高山草甸草原湖泊群。

牛川位于灰腾梁山后，从灰腾梁山前至山后，古代主要有两条驿道，一条就是前文提到的从克里孟古城经白音察干古城至黄旗海的路线。另一条，自黄旗海东北岸向西北而行，至察右前旗三岔口乡大土城古城（元代大同路平地县治城）附近，由此向北翻越灰腾梁，抵达山后地区。据石坚军研究，元代木怜驿即经此而行。[①] 木怜驿由元中都（今张家口市张北县白城子古城）向西而来，经位于黄旗海东北部元代集宁路（今察右前旗土城子古城）附近的扫怜站赤，再至元代平地县附近的燕只哥赤近站赤，由此向北翻越灰腾梁，元代的灰腾梁名为官山。

据《魏书·太祖纪》，天兴二年（公元 399 年），道武帝出征高车，"庚午，车驾北巡，分命诸将大袭高车，大将军、常山王遵等三军从东道出长川，镇北将军高凉王乐真等七军从西道出牛川，车驾亲勒六军从中道自驳髯水西北"[②]。长川为今乌兰察布市兴和县南北向平川，驳髯水为流经灰腾梁东端、向南注入黄旗海的泉玉林河，中道即孝文帝北巡南返平城道，西道即元代木怜驿所经驿道。

太武帝拓跋焘时期，开始把圣都盛乐以北的阴山作为巡幸的驻跸地，并在阴山之中建有行宫广德宫。太武帝由平城至盛乐，多自平城西行，经今明长城之上的杀虎口进入今内蒙古境内，再顺着浑河上游苍头河北上，经今乌兰察布市凉城县西部的永兴沟、石匣子沟（北魏参合陉）进入盛乐。这样，从平城向北经黄旗海的这一条驿道，在史料中就很少提到了。太武帝之后，北魏皇帝偶尔由平城向北出巡，旋鸿池成了最北的目的地。[③]

---

① ［北齐］魏收：《魏书》卷二《太祖纪》，中华书局，1974年，第34页。

② ［北齐］魏收：《魏书》卷五《高宗纪》，中华书局，1974年，第120、153页。

③ ［北齐］魏收：《魏书》卷三《太宗纪》，中华书局，1974年，第63页。

三、怀荒镇的佐证

明元帝泰常八年（公元423年），“筑长城于长川之南”，对此前文已有论述，这里的长城，不是一道军事防御线，而是一座名为“长城”的军事性城堡，旧址即今乌兰察布市兴和县元山子土城子古城。[①]哈拉沟古城位于元山子土城子古城北略偏东约33千米处，也就是位于长川之北。

长川城位于于延水源头一带，《水经注》记载于延水源头，曰：“瀔水又东，左得于延水口，水出塞外柔玄镇西长川城南小山。”[②]于延水即今东洋河，东洋河上游后河发源于长川西部的低山丘陵区。后河流经元山子土城子古城，由此考证，该城址为长川城，即《魏书》记载的泰常八年（公元425年）所筑长城。

魏隽如、张智海文同样从《水经注》这一条史料出发，认为于延水源头在长川西部，哈拉沟古城位置偏东，所以该城址即为柔玄镇。但细辨该条史料，哈拉沟古城与元山子土城子古城是一北一南的位置关系，于延水源头既然在长川城南，怎么会成为柔玄镇西呢？显然，是这条史料有问题。《水经注》讹误很多，历史地理学界对其有着客观评价。历史地理学者石泉在利用《水经注》研究荆楚地理时，首先承认郦道元是古代地理学的一大权威，《水经注》是一部内容丰富、价值很高的历史地理文献；但其后即谈及该书中的内容错乱之处比比

---

① 常谦：《北魏长川古城遗址考略》，《内蒙古文物考古》1998年第1期；张文平：《关于北魏“泰常八年长城”的质疑》，中国人民大学北方民族考古研究所、中国人民大学历史学院考古文博系编：《北方民族考古》第4辑，科学出版社，2017年。

② ［北魏］郦道元著，陈桥驿校证：《水经注校证》卷十三《瀔水》，中华书局，2007年，第319页。

皆是，在利用时，要作具体辨析，不可盲目信从。[1]

长川在鲜卑历史上有着重要地位。汉代，长川为代郡西部都尉（治高柳县，在今山西阳高县城关镇李官屯村）出塞的通道。公元2世纪中叶，檀石槐被推举为鲜卑大人，在高柳北三百里的弹汗山啜仇水畔建立牙帐，控驭东、中、西三部大人，将内蒙古草原大部纳入檀石槐鲜卑军事部落大联盟的统治之下，与东汉王朝南北对峙。从今山西阳高县顺着长川向北三百里[2]，正是哈拉沟古城所在的这一区域。

曹魏时期，拓跋鲜卑部落首领力微依附于没鹿回部大人窦宾，娶其女，率所部北居长川。曹魏甘露三年（公元258年），力微从长川迁至定襄之盛乐。北魏定都平城后，长川为自平城北出漠南的重要通道之一，道武帝、明元帝、太武帝均曾临幸长川。所以，在长川之南筑长城，在长川之北建怀荒镇，以加强这一地区的防御，是完全必要的。

魏隽如、张智海文对于怀荒镇位置所在，沿袭前人观点，认为其在今张北县县城内，但一直未能确认城址。实际上，怀荒镇在张北县县城的所谓前人观点，是毫无依据的。张北县县城南控通往洋河谷地（北魏代谷）的野狐岭，向北约15千米为元中都遗址，西北距哈拉沟古城的驿程距离约60千米，这一区域可能设有归属怀荒镇管辖的戍城。

从怀荒镇向东，北魏前期有赤城镇，位于张家口市赤城县县城内。赤城坐落于燕山山地的白河河谷之中，登国二年（公元387年），道武帝巡幸至此。[3]从赤城溯白河北上，有著名的独石，在独石南有猫峪

① 石泉：《古代荆楚地理新探》，武汉大学出版社，2013年，第6页。

② 汉代一里约等于415.8米，三百里折合125千米，正好是山西阳高县城关镇李官屯村至哈拉沟古城之间的驿道距离。

③ ［北齐］魏收：《魏书》卷二《太祖纪》，中华书局，1974年，第22页。

古城，有学者考证其先后为北魏御夷城、御夷镇旧址。[①]由此可见，白河谷地是北魏王朝在燕山地区的防御要塞。赤城镇西距哈拉沟古城的驿程距离，在200千米左右。

御夷镇设立后，与怀荒镇联系密切。据《魏书·慕容白曜传》记载，从正始初年开始，慕容契在六镇多地任职，曾作为平城镇将都督御夷、怀荒二镇。[②]这一条史料表明，怀荒镇与平城之间的关系较为密切。从克里孟古城、哈拉沟古城与平城之间的相对位置关系来看，克里孟古城在平城的北略偏西方向，哈拉沟古城在平城的北略偏东方向；哈拉沟古城与平城之间的驿程距离不足180千米，较克里孟古城距离平城近一些。如果将哈拉沟古城定义为柔玄镇的话，平城镇将管理的镇城就必然包括柔玄镇了。

四、小结

东汉晚期，拓跋鲜卑部落由大泽南迁至"匈奴之故地"[③]，其位置大约在赤城镇至怀荒镇之间的燕山以北草原。由此向西，拓跋鲜卑逐步迁徙，先至长川，再至定襄之盛乐，从此以盛乐为根据地，不断发展壮大。公元3世纪末、4世纪初，拓跋鲜卑部落三分之际，东部大人禄官的分地"在上谷北，濡源之西"[④]，也正是拓跋鲜卑初徙所至"匈奴之故地"。

北魏建六镇，除薄骨律镇、沃野镇设置于新征服地区外，其他镇

① 成一农：《太和年间北魏御夷镇初探》，北京大学历史学系编：《北大史学》第五集，北京大学出版社，1998年。

② ［北齐］魏收：《魏书》卷五十《列传第三十八》，中华书局，1974年，第1123页。

③ ［北齐］魏收：《魏书》卷一《序纪》，中华书局，1974年，第2页。

④ ［北齐］魏收：《魏书》卷一《序纪》，中华书局，1974年，第12页。

城均位于拓跋鲜卑部落、部落联盟、代国直至道武帝牛川复国之后在阴山—燕山的活动区域，即赤城至五原一线。六镇之中，怀朔、柔玄二镇的重要性相对较高。孝文帝时期，拓跋继曾担任“都督柔玄、抚冥、怀荒三镇诸军事、镇北将军、柔玄镇大将”[①]职务，表明柔玄镇曾一度兼领其东西两侧的抚冥、怀荒二镇军务。将柔玄镇定位于牛川，符合其北魏复国之地的地位。

① ［北齐］魏收：《魏书》卷十六《道武七王列传》，中华书局，1974年，第401页。

结语

从曹魏甘露三年（公元258年）拓跋鲜卑迁徙至盛乐，至北魏永熙三年（公元534年）北魏分裂为东魏、西魏，对这近300年的历史发展进程，笔者试着将其分为拓跋鲜卑盛乐时期（公元258~376年）、北魏开国时期（公元386~398年）、北魏平城时代（公元398~494年）、北魏洛阳时代（公元494~534年）四个大的历史时段。对于北魏王朝北疆军镇防御体系的考古学研究，本书并没有局限于平城时代至洛阳时代北疆地区的军镇防御变迁，而是对之前的拓跋鲜卑盛乐时期、北魏开国时期的历史地理也有所探讨。

北魏的北疆防御，不是长城防御，而是军镇防御。六镇之中，起码阴山地区几座镇城，如怀朔、武川、抚冥、柔玄、怀荒等，位置处于农耕区与游牧区的分界点之上，在镇城之北的草原之上，管辖有敕勒等大量游牧部落，形成游防之势。笔者在《六镇》一章中，对北魏王朝的北部疆域所至有所论述，西北在受降城—燕然山一带，正北在瓮山—狼山、瀚海一带，东北在今达里诺尔一带。其中西北、正北疆域所至，也是汉王朝意象中的北疆所在。

拓跋鲜卑是中国历史上非常重要的一支北方游牧民族，建立的北魏王朝统一中国北方，对中华民族共同体的形成和发展起到了极其重要的推进作用。拓跋鲜卑及北魏王朝在代北地区遗留下大量珍贵的文化遗产，研究北魏王朝代北地区的孕育发展，对于今天铸牢中华民族共同体意识亦具有非常重要的现实意义。

后记

笔者在编写《内蒙古自治区长城资源调查报告·北魏长城卷》的过程中，对与六镇相关的资料作了收集，并实地调查了部分镇戍遗址。调查报告出版后，感觉对于北魏六镇有作进一步研究的必要，便断断续续完成了几篇相关的论文；后来又申报国家社会科学基金一般项目“北魏王朝北疆军镇防御体系的考古学研究（19BKG010）”，结项成果为若干篇独立成文的论文。

本书选取笔者关于拓跋鲜卑“营居盛乐”以及北魏王朝北疆防御体系的10篇代表性论文，缀合成集。之所以将论文转化为独立成章的专著，主要原因在于部分论文中的论述有所重复，裒集为专著时则作了适当的删减，但难免个别章节仍有重复之处，敬请读者见谅。同时，本书对编纂《内蒙古自治区长城资源调查报告·北魏长城卷》时的一些可能有误的认识亦有所修订。

全书共分十章，其中第二章《云中宫》原题为《〈水经注〉关于“云中宫”位置记载的文本分析及地望考辨》，由笔者与赵菲合撰，笔者是第一作者；第六章《云中镇与朔州》原题为《北魏云中镇、朔州建制变迁及治城考》，由笔者与景苛苛合撰，笔者是第二作者。其余章节均为笔者独撰。在论文写作和本书编校过程中，内蒙古自治区社会科学院历史研究所何天明研究员、浙江师范大学边疆研究院李勤璞教授、中国文化遗产研究院袁永明研究馆员、内蒙古大学蒙古历史系包文胜教授、包头博物馆苗润华研究馆员、陕西师范大学西北历史环境与经济社会发展研究院石坚军副教授等师友，均不吝赐教，在此深表感谢。特别感谢何天明研究员拨冗赐序，他的精辟见解十分具有指导意义。原内蒙古自治区文物考古研究院同事丹达尔、马登云、赵菲、贾超，帮助做了大量资料收集、图形绘制和田野摄影等基础性工作；孔群先生拍摄了小坝子滩金印，诺敏·何先生拍摄了克里孟古城，并授权本人使用，在此一并致以诚挚谢意！

張文平

2024 年 4 月 8 日于呼和浩特